GEDANKENKRISTALLE

KLASSIKER TREFFEN DEN
HEUTEMENSCHEN
HERTALDIS OFFERMANN

Bibliografische Information der Deutschen Nationalbibliothek:
Die Deutsche Nationalbibliothek verzeichnet diese Publikation
in der Deutschen Nationalbibliografie; detaillierte bibliografische Daten sind im Internet über http://dnb.dnb.de abrufbar.

© 2014 Hertaldis Offermann, Berlin

Herausgeber und Gestaltung:
Ralf W. Höpfner >¡< Markenfeuer Hamburg
Abbildung Titel: Jessica Wortmann
Abbildung Rückseite: Ralf W. Höpfner
Herstellung und Verlag:
BoD – Books on Demand, Norderstedt
ISBN: 978-3-739-2292-70

Klassiker Heutemensch

(ER)   (ICH)

UND

(DU)

? ? ?

VORGEDANKE

KLASSIKER IMMER NOCH – GÜLTIG
KLASSIKER TEILWEISE – GÜLTIG
KLASSIKER NICHT MEHR – GÜLTIG

KLASSIKER – EINST
KLASSIKER – NOCH
KLASSIKER – IMMER

KLASSIKER – NICHT MEHR

An einem Silvestertag wollte ich das Jahr mit Kunstknallern beschließen. Nach der Ausstellung beim Stöbern im Shop fiel mir der Titel 365 Tage Kunstgenuss auf. Das wär' doch eine gute Idee, sich für 2013 neben einem täglichen Dankgebet für Gesundheit usw. auch mit was Kulturellem zu beschäftigen.
Schon am 1.1. ging es los. Ich bemerkte, dass die Texte von Schlauen aus verschiedenen Jahrhunderten meinen Widerspruch oder für mich notwendige Ergänzungen verlangten. So gab ich jeden Tag meinen "Senf" zur sprachlichen Fütterung für Kulturhungrige dazu.
Ich liebe es, Sätze von Klassikern zu lesen, einzutauchen in Denkweisen verschiedener kultureller Zeitepochen, Worte, die von besonderen Geistern festgehalten wurden. Als Überlieferung bedeuten sie für uns heute ein Gut an sich.
Beim täglichen Beschäftigen mit solchen "Weisheiten" regte sich oft in mir ein Gefühl, das ich zunächst verwarf. Wer wagt es schon an schriftlich zementierter Kulturüberlieferung zu rütteln.

Doch dann begann meine eigene Erfahrung und Kompetenz mich aufzufordern, mich damit im Jahre 2013 auseinanderzusetzen. So entstanden die Heute-Gedanken zu dem von gestern Überlieferten.
Bei einigen gab es kommentarloses okay – aber das waren meist Volksweisheiten, die sich hineingemogelt hatten. Sie sind im Volk entstanden und deshalb an Weisheit nicht zu übertreffen. Da kann man nur zeitnahe Erklärungen hinzufügen.
Manche Klassikermeinungen kann ich für morgen als kulturelles Gut nicht mehr annehmen, sie galten nur in ihrer Zeit, eben einer gelebten Moral und Ethik.

Aus dem Durchdenken, Empören, Verdeutlichen, Erweitern und Bereichernwollen entstand dieses Büchlein. Vielleicht findet der Neugierige beim Lesen dieser Heute-Gedanken für sich auch nicht mehr für morgen Gültiges.

Hertaldis Offermann
Berlin, Januar 2014

Wie dem Mädchen, das
dem Bade entsteigt, das
Gewand anliegt, so sollt' es die
Sprache den Gedanken.

Johann Gottlieb Klopstock

DER WUNSCH IST EINE
UTOPIE!
SPRACHE HAT SICH
ENTWICKELT, UM ZIELE MIT
HILFE ANDERER ZU
ERREICHEN.
SPRACHE SPIEGELT IMMER
NUR FRAGMENTE DER
GEDANKEN.

Schon die kleinste Katze ist ein
Meisterwerk.

Leonardo da Vinci

DAS KLEINSTE LEBEWESEN
I S T EIN MEISTERWERK DER
NATUR.
DAS KLEINSTE KUNSTWERK
K A N N
EIN MEISTERWERK SEIN.

Genug ist der Überfluss für den Weisen.

Euripides

GENUG KANN LEBEN
ERHALTEN.
AUCH DER WEISE BRAUCHT
GENUG, UM ZU ÜBERLEBEN.

Die Philosophie der Antike ging
von einem Lebensstil aus,
nicht von einer Lebenswut.

Elmar Kupke

NACH DER FRAGE
W A R U M FÜR DEN
ERWÄHLTEN ODER
AUFGEZWUNGENEN
LEBENSSTIL:
DIE LEBENSWUT IST KEINE
PHILOSOPHIE, SONDERN
UNFÄHIGKEIT, DAS WARUM
ZU ERGRÜNDEN –
MANCHMAL AUCH
DIE UNWILLIGKEIT.

Die Familie ist die älteste aller
Gemeinschaften und die einzige
natürliche.

Jean Jacques Rousseau

DIE EINZIGE
NATÜRLICHE ÄLTESTE
GEMEINSCHAFT IST DIE ZUR
ART-ERHALTUNG.
FAMILIE ALS
GEMEINSCHAFT IST EIN
KULTURELLES GEBILDE, DAS
DIE BIOLOGISCHE GENESE
UND DEN SOZIALEN VORTEIL
NUTZT.

Jede Landschaft hat ihre eigene,
besondere Seele.

Christian Morgenstern

JEDE LANDSCHAFT SPRICHT
DIE IN IHR BESONDERS
SCHWINGENDE SEELE AN.

Den Augenblick genießen,
sich aber nicht darin verlieren,
ist das vornehmste Grundgesetz
aller Lebensweisheit.

Lebensphilosophie

> WER SICH NICHT IM
> AUGENBLICK VERLIERT,
> KANN IHN NICHT
> GENIESSEN.
> LEBENSQUELL UND
> LEBENSKUNST IST ES ABER,
> AUS DEM AUGENBLICK
> IN DEN NÄCHSTEN
> ZU STARTEN.

Das Bett ist ein guter Beichtstuhl und die Audienza des Gewissens.

Jean Paul

> DANN MÜSSTE
> MANCHER IMMER DAS BETT
> MEIDEN!!!

Ändert sich der Zustand der
Seele, so ändert das auch
zugleich das Aussehen des
Körpers und umgekehrt:
Ändert sich das Aussehen des
Körpers, so ändert dies auch
den Zustand der Seele.

Aristoteles

KÖRPER OHNE SEELE IST
TOD =
UNBELEBTE MATERIE.
SEELE OHNE KÖRPER
NICHT EXISTENT.
DESHALB BEDINGEN SIE
EINANDER –
AUCH IN IHREM AUSDRUCK.

Man darf das Schiff nicht an
einen einzigen Anker
und das Leben nicht an eine
einzige Hoffnung hängen.

Epiktet

GLÜCK IST ES!!!
ZU BEGREIFEN, EINEN
ANKER FÜR DAS SCHIFF ZU
HABEN UND EINE
HOFFNUNG IN SICH ZU
FÜHLEN.

Frage dich nur bei allem:
„Hätte Christus das getan?"
Das ist genug.

Christian Morgenstern

CHRISTUS HAT SICH GEOPFERT!!!
ICH HABE DEN LEBENSAUFTRAG SO VERSTANDEN:
MEIN LEBEN ZU HÜTEN, MEINE TALENTE ZU MEHREN UND DABEI SO WENIG WIE MÖGLICH ANDEREN ZU SCHADEN (VORTEIL UND NACHTEIL BEDINGEN EINANDER).

DESHALB KANN ICH NUR IN NICHT EXISTENZBEDROHENDEN SITUATIONEN SO FRAGEN – DENN:
ICH BIN NICHT „GOTTES SOHN" MIT EINEM S C H U L D A U F S I C H - N E H M E A U F T R A G.

Alles Schöne …
braucht keinen anderen Schleier
als den eigenen, denn der ist
freilich selbst die Schönheit.

Heinrich von Kleist

SCHÖNHEIT FINDET DEN
SCHÖNHEITSUCHENDEN.

Ein Tag kann eine Perle sein,
und ein Jahrhundert nicht.

Gottfried Keller

DAS GLÜCK ZIEHT IN
MINUTEN EIN,
OFT SCHNELLER ES
ZERBRICHT.
SEKUNDEN LASSEN TOD
HEREIN,
IST EWIGKEIT OHN' LICHT.

Jeder Künstler sollte vor allem
das Studium der Alten
betreiben, ihre Sprache erlernen,
die zwar viele Dialekte hatte, im
Grunde aber doch nur eine war
– allen gleich verständlich: die
Sprache der Schönheit.

Franz von Lehnbach

LEIDER IST DIE SPRACHE DER
SCHÖNHEIT NICHT
ALLEN VERSTÄNDLICH!

Kunst ist niemals etwas
Anderes als Wille zur Form.

Franz Marc

DIE FORM DES
MATERIELLEN IST DIE
EINFALLSTRASSE IN DAS –
ZWAR AN DIE MATERIE
GEBUNDENE –
G E F Ü H L, DAS ABER NUR
BESCHREIBBAR,
ERREGBAR,
ABER NIE ALS MATERIE
GREIFBAR IST.

Melancholie ist das Vergnügen,
traurig zu sein.

Victor Hugo

MELANCHOLIE IST DIE
ABWESENHEIT
UNBESCHWERTER FREUDE.

Es funkeln auf mich alle Sterne
mit glühendem Liebesblick,
es redet trunken die Ferne wie
von künftigen großen Glück.

Joseph von Eichendorff

DAS GLÜCKLICHE, LIEBENDE
HERZ LÄSST STERNE IN
AUGEN FUNKELN UND DIE
HOFFNUNG IST DER
BAUSTEIN FÜR NAHES UND
FERNES GLÜCK.

Tapfer ist der Löwensieger,
tapfer ist der Weltbezwinger,
tapferer, wer sich selbst
bezwang.

Johann Gottfried Herder

DEN LÖWEN LEBEN
LASSEN – DIE WELT
BESTAUNEN – SICH SELBST
ENTFALTEN!!

Des Glückes Welle hebt,
die Welle stürzt den Hohen und
den Niederen immerzu,
kein Seher weiß, wann sie zur
Ruhe kommt.

Sophokles

JEDER FÜHLT DAS GLÜCK
FÜR SICH ALLEIN
UND JE FRÜHER ER SICH DER
UMKEHR STELLT –
JE SCHNELLER KANN SEIN
GLÜCK IHN WIEDER
HEBEN.

Alle himmlische Harmonie ist
ein Spiegel der Göttlichkeit, und
der Mensch ist ein Spiegel aller
Wunder Gottes.

Hildegard von Bingen

WER EINEN MOMENT
IRDISCHE HARMONIE
ERREICHT – HAT DEN
GÖTTLICHEN FUNKEN ZUM
SCHEINEN GEBRACHT.

Im Positiven die Poesie
festhalten, scheint mir die
Aufgabe des Künstlers zu sein.

Anselm Feuerbach

IN DER NATUR DER
BELEBTEN UND
UNBELEBTEN WELT
DIE POESIE ZU ENTDECKEN
UND DEN VERSUCH
ZU UNTERNEHMEN, SIE ZU
VERMITTELN, IST FÜR MICH
DIE A U F G A B E
DES KÜNSTLERS.

Die Kunst ist eine die Welt
restlos begreifende Erkenntnis.

Richard von Schaukal

                KUNST IST EIN
                DARSTELLUNGS-VERSUCH
                UM ZU ERKENNEN.

Ein Geheimnis ist das Weib.

Stanislaw Wyspianski

                AUCH DER MANN IST DEM
                WEIBE EIN GEHEIMNIS.

Nicht der äußere Mensch,
sondern der innere hat Spiegel
nötig. Man kann sich nicht
anders sehen, als im Auge
eines fremden Sehers.

Jean Paul

DIE VERFÜGBARKEIT
EINES ÄUSSEREN
SPIEGELS – NICHT NUR IM
KLAREN WASSER – HAT DAS
BLINDWERDEN NACH
INNEN VIELLEICHT
BEGLEITET.

DAS KORRIGIEREN AM
ÄUSSEREN VERURSACHT
REAKTIONEN DER
UMWELT AUF DIE
VERÄNDERTE
ERSCHEINUNG.

SO HAT DIE
S O G E N A N N T E
Z I V I L I S A T I O N =
NATURENTFERNUNG =
DIE VERSCHLÜSSELUNG DER
UREIGENSTEN INNEREN
TRIEBE UND WÜNSCHE
ORGANISIERT.

EINE GANZE WISSENSCHAFT
HAT SICH ENTWICKELT –
UM DAS DEKODIEREN
WIEDER ZU ÜBEN.

Die Kunst ist das einzig wahre und ewige Organon und sogleich Dokument der Philosophie.

Immanuel Kant

DIE KUNST IST ZEUGNIS DER MATERIALISIERTEN WELTERKLÄRUNGSVERSUCHE DER KÜNSTLER IN IHRER ZEIT.

Kunst ist nicht das Studium der nüchternen Wirklichkeit, sondern Suche nach der vollkommenen Wahrheit.

George Sand

KUNST IST DER VERSUCH DES KÜNSTLERS, SEINE PERSÖNLICHE WAHRHEIT WIRKLICHKEIT WERDEN ZU LASSEN.

Liebe, Arbeit und Wissen sind
die Quellen unseres Daseins.

Wilhelm Reich

WENN DAS MENSCHLICHE
WESEN SICH NUR SO
EXISTENZBERECHTIGT
GLAUBEN WÜRDE, MÜSSTEN
WIR LANGE AUSGESTORBEN
SEIN.
WIE VIELE MENSCHEN LEBEN
AUF DER WELT OHNE LIEBE –
OHNE ARBEIT – OHNE WISSEN
UND SIND NICHT ZWINGEND
UNGLÜCKLICH.

Die Anschauung der Kunst
muss jetzt wohl fragmentarisch
sein, da die Kunst selber nichts
anderes ist, als ein Fragment,
eine Ruine vergangener Zeiten.

Friedrich Schlegel

KUNST IST R U I N E
ALS AUCH V I S I O N.
ANSCHAUUNGEN SIND
IMMER FRAGMENTARISCH.

Anmut ist ein Ausströmen der inneren Harmonie.

Marie von Ebner Eschenbach

SIE IST EBEN NICHT AUF ÄUSSERE WIRKUNG BEDACHT UND GERADE DAS SCHAFFT DEN MUT SICH IHR ZUZUWENDEN.

Schönheit ist eine Form der Genialität – höher sogar, da sie keine Erklärung braucht.

Oscar Wilde

SCHÖNHEIT IST EIN ZEITABHÄNGIGER K U L T U RD E T E R M I N I E R T E R BETRACHTERASPEKT. GENIAL IST ALLE N A T U R.

Welche Geduld, welche
Zärtlichkeit verlangt die Kunst!
Nichts ohne Arbeit.

Auguste Rodin

WELCHE GENIALITÄT IST NOTWENDIG, UM OFT MIT VIEL FLEISS KUNST ZU ERSCHAFFEN, DIE DIE ZEIT ÜBERDAUERT.

Die Kunst ist ... unentbehrlich und zweckmäßig.

Wassily Kandinsky

UNENTBEHRLICH IST NUR NOTWENDIGES. ZWECKMÄSSIGKEIT KANN DER KÜNSTLER SICH SELBST ALS OPTION ABVERLANGEN. DEM KUNSTLIEBHABER WIRD KUNST UNENTBEHRLICH FÜR SEIN WOHLEMPFINDEN – DESHALB WÄHLT ER AUCH ZWECKMÄSSIGES MIT SEINEM ÄSTHETISCHEN GESCHMACK.

Die ganze Welt spielt Komödie.

Petronius Gajus Arbiter

> WUNSCHDENKEN!!
> DENN FÜR DIE MEISTEN
> MENSCHEN SIND DIE
> LEBENSDRAMEN KEIN SPIEL!

Auch der Löwe muss sich vor der Mücke wehren.

Sprichwort

> ER WEISS, DASS EIN
> SCHWARM AUCH IHM
> SCHADEN KANN.
> WEHRET DEN ANFÄNGEN!!!
> INTELLIGENZ, DIE DIE
> DUMMHEIT NICHT
> FÜRCHTET, IST NICHT
> INTELLIGENT.

Die Kunst ist unendlich,
endlich aller Künstler Wissen
und Können.

Caspar David Friedrich

KUNST MUSS
EIN OFFENES SYSTEM
BLEIBEN –
DIESE FORDERUNG GILT
NOCH MEHR FÜR DEN
SCHÖPFER VON KUNST.
DAMIT IST ABER DEM
WISSEN UND KÖNNEN AUCH
NUR DURCH DAS
BEGRENZTE IRDISCHE
LEBEN EIN ENDE GESETZT.

Kultur fällt uns nicht wie eine
reife Frucht in den Schoß.
Der Baum muss gewissenhaft
gepflegt werden, wenn er Frucht
tragen soll.

Albert Schweizer

DIE BESTE AUFZUCHT
GUTER SAMEN (PFLANZEN,
TIERE (MENSCHEN)) IST
OHNE E R N T E W I L L I G E
VERLOREN.
SO VERFALLEN DIE
HÖCHSTEN KULTUREN
(INNEN & AUSSEN).

Es sollte uns führwahr nichts fröhlicher sein in der Schrift als dies, daß Christus geboren ist von der Jungfrau Maria.

Martin Luther

FRÖHLICHER IN DER SCHRIFT STIMMT MICH: WACHSET UND MEHRET EUCH. ODER: VERDOPPELT EURE TALENTE SOWOHL GEISTIG EMOTIONAL WIE MATERIELL.

Könnte man den Menschen mit der Katze kreuzen, würde man damit den Menschen verbessern, aber die Katze verschlechtern

Marc Twain

WELCHE EIGENSCHAFT DER KATZE HAT DER MENSCH DENN NICHT? NUR SOLLTE SEINE KULTUR EINIGE ALS SOZIAL NICHT ERWÜNSCHT ZURÜCK DRÄNGEN. ZUM BEISPIEL MIT DER BEUTE SPIELEN ODER HINTERHÄLTIG AUF DER LAUER LIEGEN, EGOISTISCH SEIN UND UNBERECHENBAR.

Das Genie kann nur reichen
Stoff zu Produkten der schönen
Kunst hergeben; die Verwaltung
desselben und die Form
erfordert ein durch die Schule
gebildetes Talent, um einen
Gebrauch davon zu machen,
der vor der Urteilskraft bestehen
kann.

Immanuel Kant

IN DER DARSTELLENDEN
KUNST IST NOCH
PERSONALUNION
MÖGLICH, ABER IN DER
MUSIK BEWEIST SICH DIESES
THEOREM FÜR MICH AM
DEUTLICHSTEN. HIER IST DAS
GENIE AUF AUSGEBILDETE
TALENTE ANGEWIESEN.

Denn niemand traut beruhigt
einer Kunde, verbirgt das Bild,
das sie vor Augen stellt, die
Wurzel tief im unbekannten
Grunde, und nur was schimmert
überzeugt die Welt.

Dante Alighieri

GLITZER WECKT NEUGIER
NACH MÖGLICHER
FREUDE. ES IST ALS WÜRDE
DAS KNISTERN UND
STRAHLEN DER SEELE
FRÜHERER ERFÜLLTER
MOMENTE SICHTBAR. DAHER
DIE V E R L O C K U N G.

Was Gewalt heißt, ist nichts:
Verführung ist die wahre
Gewalt.

Gotthold Ephraim Lessing

                    GEWALT IST FURCHTBAR!!!
                    ABER VERFÜHRUNG IST DIE
                    S C H Ö N S T E   G E W A L T.

Tanz ist die Poesie des Fußes.

John Dryden

                    … WENN SIE DEN KÖRPER
                    BIS IN DEN LETZTEN
                    ZENTIMETER ERFASST.

Heilig sind die, welche werden.

Rainer Maria Rilke

                    W E R D E N   TRIFFT AUF
                    A L L E   ZU,
                    NUR –
                    WAS IST SO VIELFÄLTIG
                    WIE DIE GRADE DES KREISES
                    MIT ALLEN UNTEREINHEITEN
                    UND
                    DAMIT SO VIELFÄLTIG,
                    DASS NICHT
                    V O R H E R S E H B A R ?

Es hat doch im Grunde niemand einen rechten Begriff von der Schwierigkeit der Kunst als der Künstler selbst.

Johann Wolfgang von Goethe

KUNST SOLLTE IMMER DIE HÖCHSTMÖGLICHE PLATTFORM VON KÖNNEN ANSTREBEN.
UND DAS HAT SIE GEMEINSAM MIT ALLEN ANDEREN GEWERKEN. DESHALB HAT JEDER RECHTSCHAFFENDE, DER ALLES MIT HÖCHSTER ANSTRENGUNG UND GRÖSSTEM EIFER ANGEHT, DURCHAUS EIN BEWUNDERNDES GEFÜHL FÜR FREMDES METIER.

Künstler wird man aus Verzweiflung.

Ernst Ludwig Kirchner

… ÜBER DIE SPRACHLOSIGKEIT OB DES ERLEBTEN GEFÜHLSVULKANS.

Lebensspendende Sonne, du
kannst wohl nichts Größeres
erblicken als die Stadt Rom.

Horaz

    WAS HABEN WIR
    VERLOREN, DASS WIR ZU
    SOLCHER INNBRUNST NICHT
    MEHR FÄHIG?
    UND WELCHER
    PSEUDOGEWINN STEHT DEM
    GEGENÜBER?

Zu empfinden, was er sieht,
zu geben, was er empfindet,
macht das Leben des Künstlers
aus.

Max Klinger   SO S O L L T E ES SEIN.

Allah zählt die Tage nicht, die
wir auf der Jagd zubringen.

Arabische Weisheit

    WER MASST SICH AN
    – ZU WISSEN –
    WAS ALLAH ZÄHLT
    ODER NICHT ZÄHLT?

Die Jugend soll erwerben, was
das Alter verzehrt.

Deutsches Sprichwort

    HEUTE ZEHRT DIE JUGEND
    VOM ALTER, DA SIE OFT
    NICHTS MEHR FÜR DAS
    EIGENE ALTER ZU
    ERWERBEN GELERNT HAT.

Ein guter Meister ist inwendig voller Figur.

Albrecht Dürer

    EIN GUTER MALER IST INWENDIG VOLLER FARBE,
    EIN GUTER BILDHAUER IST INWENDIG VOLLER FIGUR,
    EIN GUTER ARCHITEKT VISIONIERT GESTALTETE RÄUME INNEN UND AUSSEN,
    EIN GUTER MUSIKER IST VOLLER KLÄNGE,
    EINEN GUTEN WISSEN-SCHAFTLER SPRENGT SEINE NEUGIER.
    ALLES WOVON MAN WIRK-LICH DURCHDRUNGEN IST, KANN EINEN ZUM KÖNNER WERDEN LASSEN.

Ein Kunstwerk begreift einzig, wer es als Komplexion von Wahrheit begreift.

Theodor W. Adorno

    DAS KOMPLEXION TRIFFT NUR AUF DIE IST-SITUATION DES REZIPIENTEN ZU.

Die Schönheit ist die größte menschliche Macht.

Honore des Balzac

DIE SCHÖNHEIT IST DIE GRÖSSTE LIST DER NATUR, DEN MENSCHEN ÜBER DEN WAHREN INHALT ZU TÄUSCHEN.

Wichtiger als ein Kunstwerk selbst ist seine Wirkung. Kunst kann vergehen, ein Bild zerstört werden. Was zählt – ist die Saat.

Joan Miro

DIE P F L E G E DER SAAT IST NOCH BEDEUTSAMER.

Was sich einer versagt, so viel
mehr schenken ihm die Götter.

Horaz   WER SICH SELBST STETS WAS
VERSAGT, DER KANN NICHT
MAL ANNEHMEN WAS DIE
GÖTTER IHM SCHENKEN.

Die erste Tugend eines Bildes
ist es, ein Fest für das Auge zu
sein.

Eugene Delacroix   J A !!!!!!!!!!!!!!!!!!!!!!

Weisheit in kleiner Münze, was
Sprichwörter uns geben.

George Meredith

RITEN, KULTUREN UND
VERMITTELTE
ERFAHRUNGEN SIND
SPRICHWÖRTER.
SIE BEDÜRFEN OFT DER
ERKLÄRUNG, WEIL DIE
WEISHEIT IN IHNEN EIN ZU
GROSSER GELDSCHEIN IST.

Die Kunst ist das Gewissen der
Menschheit.

Friedrich Hebbel

KUNST KANN SICH IN DAS
GEWISSEN DER MENSCHHEIT
IN EINER BESTIMMTEN ZEIT
EINMISCHEN.
IM RÜCKBLICK IST SIE ABER
NUR ZEUGNIS
AUSSERGEWÖHNLICHER,
DIE FÜR SICH NICHT DIE
VERKÖRPERUNG DER
MENSCHHEIT IN ANSPRUCH
NEHMEN KÖNNEN.

Kunst ist etwas Eigenes.

Gerhard Richter

                        DASS IMPLIZIERT BEREITS
                        DER BEGRIFF „K U N S T".

Den guten Steuermann lernt
man erst im Sturm kennen.

Lucius Annaneus Seneca

                        WENN ICH AUF DEM MEER
                        ÜBERLEBEN WILL, MUSS ICH
                        MIR ZU LANDE DEN
                        W A H R S C H E I N L I C H
                        GUTEN AUSSUCHEN –
                        INDEM ICH IHN NACH
                        BESTIMMTEN
                        CHARAKTERZÜGEN
                        FÄHIGKEITEN UND
                        FERTIGKEITEN
                        A U S W Ä H L E !

Der Schmerz hat recht, und nur
im Schmerz liegt, was ihn
tröstet, was ihn lindert.

Wilhelm Jordan

SCHMERZ IM KÖRPER
ODER DER SEELE
BEKLAGT MANGEL.
DOCH MANCHMAL SCHUM-
MELN BEIDE UND SCHICKEN
DEN ANDEREN VOR.
DESHALB IST OFT EIN
BEGRADIGEN DER
RAFFINIERTEN
LABYRINTHE NÖTIG
UM ZU F I N D E N ,
WAS TRÖSTET UND
LINDERT.

Mit der Zeit wird die Maske
zum Gesicht.

Unbekannt

WER EINE MASKE TRÄGT HAT
KEIN GESICHT ENT-WICKELT
UND EWIGE ANGST IST SEIN
BEGLEITER.

Kunst ist die rechte Hand der
Natur. Diese hat nur Geschöpfe,
jene hat Menschen gemacht.

Friedrich von Schiller

EIN ATHEIST MUSS DER
NATUR BEIDE HÄNDE AUCH
FÜR GESCHÖPFE
ZUSPRECHEN.
EIN DEIST BEDANKT SICH
MIT DER KUNST,
INDEM ER SICH MIT
„SCHÖPFUNG" VERSUCHT.

Manchem glückt es, überall ein
Idyll zu finden. Und wenn er's
nicht findet, so schafft er's sich.

Theodor Fontane

NUR DAS EIGENE IDYLL
BEDIENT SICH OFT DER
RÜCKEN ANDERER ALS
STEIGLEITER UND WENN ES
AUS EIGENER ANSPRUCHS-
LOSIGKEIT HERRÜHRT, HAT
ES WENIG MIT IDYLL ZU TUN.

Die Kunst ist einem Kinde,
die Wissenschaft einem Manne
zu vergleichen.

Caspar David Friedrich

ES IST EINE KUNST DER
WISSENSCHAFT DIE
UNSCHULD DER KINDHEIT ZU
ERHALTEN
UND EBENSO EIN GEBOT, DIE
KUNST KEINER WISSEN-
SCHAFT ZU VERWEIGERN.
BEIDE BEDÜRFEN DER KIND-
HEIT UND DER REIFE.

Unbewegliche Armee kann nie
die Schlacht gewinnen.
Unbiegsamer Baum zerbricht
im Sturm.

Laotse

L E B E N   I S T   F L U S S
IN JEDER EXISTENZFORM.
H A L T   IST IMMER   T O D.

Das Portrait ist die eleganteste
aller Kunstgattungen, weil der
Künstler dabei am meisten
gebunden ist.

Arnold Böcklin

PORTRAITKUNST
ERÖFFNET DEM LAIEN
EINEN EINBLICK IN DIE
KUNSTFERTIGKEIT DES
MALERS.
ELEGANT KANN ABER AUCH
DIE KUNSTVOLLE
ABSTRAKTION SEIN.

… eine Träne auf der Wange
der Zeit.

*Rabindranath Thakur über
den Taj Mahal*

SCHLÖSSER SIND SCHON FÜR
LEBENDE VERSCHWENDUNG
(WENN AUCH SCHÖN),
SOLANGE MENSCHEN UND
TIERE HUNGERN UND
DURSTEN.
ABER ALLES GEWORDENE
SIND ZEUGNISSE
VERGANGENER ZEITGEISTER.

Die Kunst ist der Ausdruck der
Freude, die der Künstler bei
seiner Arbeit empfindet.

John Ruskin

DIE KUNST IST AUSDRUCK
DES KÖNNENS.
OB NOT, AUFTRAG,
SCHAFFENSDRANG ODER
SCHAFFENSZWANG BEIM
SCHÖPFER FREUDE
ERZEUGT HAT, WISSEN WIR
ALS SPÄTERE N I E !!!

Kunst ist der beste Weg, die
Kultur der Welt zu begreifen.

Pablo Picasso

KUNST IST DER EXPONENT
DER KULTUR.
DIE KUNST ALS EXPONENT
DER BASIS KULTUR
ZU BEGREIFEN, ERÖFFNET
DIE FORMEL:
KULTUR HOCH KUNST =
Z E I T G E I S T.

Künstler ist einer, der aus einer
Lösung ein Rätsel machen kann.

Karl Kraus   JEDE LÖSUNG WAR EIN
                                    RÄTSEL.

Bei einem Fluss ist das Wasser,
das man berührt, das letzte von
dem, was vorübergeströmt ist,
und das erste von dem, was
kommt. So ist es auch mit der
Gegenwart.

Leonardo da Vinci   MIT LUST UND FREUDE
                                  IN DER GEGENWART
                                  DIE FRÜCHTE DER
                                  VERGANGENHEIT ERNTEN,
                                  UM DIE SAAT FÜR DIE
                                  ZUKUNFT ZU SICHERN.

Man muss das Schöpfertum
bewusst als Lebenswerk setzen,
als Selbstvervollkommnung des
Menschen, und daher müssen
heute noch verbreitete Kunst-
ansichten verändert werden:
Die Kunst ist kein Bild des
Genusses, der Dekoration, der
Stimmung, der Erfahrung, keine
Darstellung des Naturschönen.

Kasimir Malewitsch

SCHÖPFERTUM KANN
LEBENSZWECK WERDEN UND
DAMIT EINER PERSÖNLICHEN
SELBSTVERVOLLKOMMNUNG
DIENLICH SEIN.
OB DABEI KUNST ENTSTEHT,
KANN NUR GEMESSEN
WERDEN AM GENUSS DER
REZIPIENTEN.

Stets findet Überraschung statt,
da, wo man's nicht erwartet.

Wilhelm Busch

TAUTOLOGIE –
ÜBERRASCHUNG KANN MAN
NICHT ERWARTEN, SONST
WÄRE ES KEINE
ÜBERRASCHUNG.

Die wirkliche Entdeckungsreise
besteht nicht darin, neue
Landschaften zu erforschen,
sondern darin, mit neuen Augen
zu sehen.

Marcel Proust

NEUE AUGEN „WACHSEN"
AUS INNEREN EINSICHTEN –
EGAL OB DURCH
ENTDECKUNGSREISEN ODER
MENSCHENBEGEGNUNGEN.

Nach Kraft ringen. Das klingt
alles so dramatisch. Man tut
eben, was man kann und legt sich
dann schlafen. Und auf diese
Weise geschieht es, dass man
eines Tages etwas geleistet hat.

Paula Modersohn-Becker

LIEBE LUST UND LAST DER
ARBEIT FINDEN IHR ZIEL,
WENN ES AUS EIGENEM
HERZEN KOMMT. DIESES
STETE VORWÄRTSKÄMPFEN
HINTERLÄSST AUCH FÜR
ANDERE SICHTBARE
DEUTLICHE SPUREN DER
LEISTUNG.

Einsamkeit ist der Weg, auf
dem das Schicksal den
Menschen zu sich selber
führen will.

Hermann Hesse

EINSAMKEIT KANN EINEN
LICHTSTRAHL AUF SICH
SELBST VERURSACHEN.
DOCH SIND WIR GRUND-
SÄTZLICH MINDESTENS
Z W E I S A M GESTRICKT
UND LEIDEN DESHALB AN
IHR, WENN DER MENSCH
SICH NICHT EINE PERSÖN-
LICH WERTBESETZTE
ZWEISAMKEIT SCHAFFT.

Die Freundschaft tanzt den
Reigen um die Welt und ruft
uns allen zu, aufzuwachen zum
Preise des glücklichen Lebens.

Epikur

EIN FREUND KANN
GLÜCKSELIGE MOMENTE
BEGLEITEN.
FREUNDSCHAFTS –
UMGANGSREGELN
SOLLTEN WIE EIN REIGEN DIE
GANZE WELT UMSPANNEN.

Kunst ist kein Beruf, es ist die
Arbeit, wie man einen Beruf
ausübt. Es ist überhaupt die Art
und Weise, in der man gleich
welche menschliche Tätigkeit
ausübt.

Jean Renoir

> DIE KUNSTFERTIGKEIT IST
> DIE ART UND WEISE, WIE DIE
> FÄHIGKEIT ZUM AUSDRUCK
> KOMMT, GEISTIGEN UND
> EMOTIONALEN GEHALT
> EINER VORSTELLUNG IN DER
> REALITÄT SICHTBAR,
> HÖRBAR, GREIFBAR,
> ERLEBBAR
> WERDEN ZU LASSEN.

Es gibt immer wieder ein
Morgen.

Arnold Böcklin

> … NUR BRINGT DER NICHT
> IMMER WAS DER ABEND ALS
> HOFFNUNG HINTERLÄSST.

Gott lässt Maria herrschen, mächtig ewig. Daher heißt sie mit recht überaus Mächtige, freigiebige und ewige Königin.

n. n.

ICH VERSTEHE JEDE AUFOPFERUNGSVOLLE MUTTER WIE EINE DIE „EGOISTISCHE MENSCHLICHE NATUR BESIEGENDE KÖNIGIN".

Nichts verhindert den rechten Genuss so wie der Überfluss.

Michel de Montaigne

DIESE AUSSAGE HÄLT DIE UMKEHRWAHRHEITS-PRÜFUNG AUS:
NICHTS BEFLÜGELT DEN RECHTEN GENUSS SO WIE DER MANGEL.

Das gute Herz ist allemal weich, aber nicht jedes weiche Herz ist gut.

Sprichwort

OFT MUSS ABER AUCH DAS WIRKLICH GUTE HERZ HART SCHEINEN – WEIL NICHT JEDER DIE ZUKUNFT BEDENKT, ODER NOCH FOLGENSCHWERERES BEDENKEN KANN.

Manches Gute und Nützliche werde von den Sandwehen des Tages zugedeckt, komme aber, wie Bernstein, doch wieder einmal zum Vorschein.

Johann Wolfgang Goethe

GUTES UND NÜTZLICHES SOLLTE JEDER IM HIER UND JETZT VOR SANDWEHEN SCHÜTZEN. IM NACHHINEIN WIRD ES MEIST VON NUTZNIESSERN UNVERDIENT GENOSSEN.

Ein Kind ist sichtbar gewordene
Liebe.

Novalis

LEIDER NICHT!
KINDER SIND IM ERSTEN
KEIM NUR SICHTBARES
BIOLOGISCHES.
SOGAR DIE WIRKLICHE LIEBE
DIE ES ERFÄHRT, WIRD NICHT
IMMER SICHTBAR IM KIND.

Offenbarung des Geistes in den
Sinnen ist die Kunst.

Bettina von Arnim

KUNST WIRD ES ERST, WENN
DIE OFFENBARUNG DES
GEISTES IN EINE
MATERIELLE FORM
GEGOSSEN WIRD.

Kunst ist Ausdruck, Ausdruck unserer künstlerischen Realitätserfahrung.

Theo von Doesburg

REAGENZHELFER
(KATALYSATOR) DER
REALITÄTSERFAHRUNG
IST DAS I C H.
DIESE UM DAS SPEZIFISCHE
ERLEBNIS BEREICHERTE
PHANTASIE FINDET SEINE
NEUE FORM IM KUNSTWERK.

Und wie der Klang im Ohr vergeht, der mächtig tönend ihr entgegenschallt, so lehre sie, dass nichts besteht, daß alles Irdische verhallt.

Friedrich Schiller

DENK´ ICH IMMER ANS
VERGEHEN,
KANN AUCH KEIN KURZES
GLÜCK BESTEHEN.

Es ist nicht die Aufgabe der
Kunst, die Natur zu kopieren,
sondern sie auszudrücken.

Honore de Balzac

DIE NATUR IN DER
WIRKUNG AUF DEN
MENSCHEN FINDET IN DER
KUNST IHREN AUSDRUCK.

Geküsster Mund verliert nicht
sein Glück, vielmehr erneuert er
sich wie es der Mond tut.

Giovanni Bocaccio

NUR VIEL, VIEL SCHNELLER !!

Die Mutter trägt im Herzen die Kinder immerdar.

Friedrich von Logau

DIE NATUR DES MENSCHEN GEBIERT DAS KIND DOCH MANCH KULTUR DAS NIE VERWIND'T,
OB DAS NUN FALSCH ODER AUCH RICHTIG IST, IST NUR IM EINZELSCHICKSAL WICHTIG.

Wenn der Sommer sich verkündet, Rosenknospen sich entzündet, wer mag solches Glück entbehren.

Johann Wolfgang Goethe

DER SICH SELBST ZU WICHTIG MEINT, EWIG LEBT NUR EIGNEM SEIN,
KANN AUCH SOLCH SCHÖNHEIT NICHT ERFREUN.

Kunst muss lebendig machen.

Eugene Delacroix

                    KUNST KANN NUR
                    ANSPRECHEN,
                    WAS LEBENDIG IST.

Die Kunst spiegelt in Wahrheit den Betrachter und nicht das Leben.

Oscar Wilde

                    NUR SPIEGEL WÄR ZU WENIG.
                    SIE LOCKT AUCH IN DEN
                    SPIEGEL DES KÜNSTLERS
                    SICH VERFÜHREN ZU LASSEN
                    UND DAMIT BEREICHERT SIE.

Die Augen sind
der Spiegel der Seele.

Sprichwort

AUGEN SIND DAS EINZIGE
BIOLOGISCHE MERKMAL,
DAS SICH IM LAUFE DES
LEBENS NICHT ÄNDERT.
DESHALB SPIEGELN SIE
AUCH IMMER NUR DAS
SEELISCHE EMPFINDEN DES
A U G E N B L I C K S   WIDER.

Wir wissen alle, daß Kunst
nicht Wahrheit ist, Kunst ist
eine Lüge, die uns die Wahrheit
begreifen lehrt, wenigstens die
Wahrheit, die wir als Mensch
begreifen können. Der Künstler
muss wissen, auf welche Art er
die anderen von der Wahrhaftigkeit seiner Lügen überzeugen
kann.

Pablo Picasso

KUNST IST NICHT LÜGE, SIE
IST IMMER NUR EIN
TEILASPEKT UND JE MEHR
TEILE BELEUCHTET WERDEN
UM SO WAHRSCHEINLICHER
NÄHERN WIR UNS DEM
GANZEN.

Das Gesicht ist das Protokoll des Charakters.

Karl Julius Weber

ES IST NICHT SO! UND WÄRE AUCH NICHT WÜNSCHENSWERT DIE ÜBERRASCHUNG UND DAS BEMÜHEN UM DAS UNBEKANNTE BEFLÜGELT DIE BEGEGNUNG DER GESCHLECHTER UND DAMIT AUCH DEN ARTERHALTUNGS-ANTRIEB (ICH SEHE OFT, WAS ICH MIR WÜNSCHE).

Es kommt immer nur darauf an, dass man allerorten die Musik des Lebens hört. Die meisten hören nur die Dissonanzen.

Theodor Fontane

MUSIK IST IMMER ZUERST LEBENSGEFÜHL. DIE GNADE MUSIK ZU HÖREN, AKTIV HÖRBAR ZU MACHEN ODER IN NACHSPIELBARE FORM BRINGEN ZU KÖNNEN, IST UNTERSCHIEDLICH VER-TEILT. DIE OBEN GEMEINTEN DISSONANZHÖRER SIND GEFANGENE IHRES DISSO-NANTEN LEBENSGEFÜHLS.

Alle Teilnahme an Kunst beruht
auf der Teilnahme an fremden
Existenzen.

Friedrich Hebbel

KUNST IST IMMER TEIL VON
MIR – OB ALS PRODUZENT
FÜR ANDERE ODER ALS
KONSUMENT (REZIPIENT)
VON ANDEREN, OB
BAUWERKE, SKULPTUREN,
GEMÄLDE, ROMANE, ESSAYS,
DRAMEN, LUSTSPIELE,
GEDICHTE, APHORISMEN,
LIEDER, KONZERTE,
BÜHNENWERKE.
DAS WORT K U N S T
IMPLIZIERT DEN ANDEREN.

Die beste Anbetung, Prinz, ist
dankende Freude.

Gotthold Ephraim Lessing

DANKENDE FREUDE IST
RÜCKWÄRTSBEZOGEN
ANBETUNG, DAGEGEN
ZUKUNFTSWUNSCH
HOFFNUNG, VERTRAUEN,
ZUVERSICHT, GEWISSHEIT.
WENN ICH ANBETE,
ERWARTE ICH IRGENDEINEN
NUTZEN UND WENN ES AUCH
„ NUR " DER HIMMEL WÄR.

In der Schule der Welt wie in
der Schule der Liebe muss man
alsbald mit der Ausübung
dessen, was man zu lernen
gedenkt, den Anfang nehmen.

Jean-Jacques Rousseau

SOBALD WIR BEGINNEN
GEZIELT ZU LERNEN, DANN
HABEN WIR IMMER DIE
ABSICHT, DAS GELERNTE FÜR
DIE WIRKLICHKEIT ZU
NUTZEN. DAS IST DAS BESTE
MOTIV FÜR WEITERES
BEMÜHEN.

Den Puls des eigenen Herzens
fühlen. Ruhe im Innern, im
Äußeren wieder Atem holen
lernen, das ist es.

Christian Morgenstern

DEN PULS DES HERZENS
SPÜREN, IN LIEBESWONNE
KUNSTGENUSS, NATUR-
ERLEBEN, UNRUHE IM
INNERN, AKTIVITÄT IM
ÄUSSEREN, ATEM ANHALTEN
LERNEN, WEIL DAS STAUNEN
VOR DEN WUNDERN DER
LIEBE, KUNST, NATUR UNS
LAUSCHEN LÄSST.
DAS IST ES!

Gerechtigkeit in der
Gesellschaft, Harmonie in der
Kunst – ein und dasselbe.

Paul Signac

GESELLSCHAFT IST
EIN KONGLOMERAT
VERSCHIEDENER GRUPPEN.
GERECHTIGKEIT IST EIN
U N W O R T UNSERER ZEIT.
DER VERSUCH,
DEN UNTERSCHIEDLICHEN
BEDÜRFNISSEN UND
MÖGLICHKEITEN ZU
ENTSPRECHEN, HEBT DEN
„AUGE UM AUGE"-KODEX
AUF.
RECHT – UNRECHT,
WOHLKLANG – MISSKLANG,
ORDNUNG – CHAOS,
LEBEN – TOD
SIND PAARE, DIE EINANDER
BEDINGEN.
VORHANDENE NATUR
(MENSCH),
GESCHAFFENE KUNST
(OBJEKT) EXISTIEREN VÖLLIG
UNABHÄNGIG VOM
U N W O R T
G E R E C H T I G K E I T.

Die Natur macht keine Sprünge,
aber wenn ein echter Heiliger
auftaucht, macht sie einen
Freudensprung.

Friedrich Nietzsche

HEILIGE SIND ALLE, DIE DER
NATUR IHREN VORRANG
EINRÄUMEN. DER GRÖSSEN-
WAHN STÄRKER ALS SIE ZU
SEIN, MUSS BEKÄMPFT
WERDEN WIE DER SATAN.

Liebe zur Schönheit ist
Geschmack. Das Schaffen von
Schönheit ist Kunst.

Ralph Waldow Emerson

SCHÖNHEIT IST DEUTLICH
DURCH KULTUR-BIOTOP-
KREISE BEEINFLUSST. KUNST
IST MEHR ALS NUR SCHÖN-
HEIT (EIN SEHR ORDENTLICH
GERICHTETES BETT KANN
SCHÖN SEIN – IST DESHALB
NOCH LANGE KEINE KUNST).

Das Paradies kann nur im reinen
Herzen sein. Trägst du es nicht
in dir; so kommst du nicht
hinein.

Teensteegen

DES EINEN PARADIES IST
DES ANDEREN
FEGEFEUER. SEHNSUCHT IST
MIR LIEBER ALS DAS GEGEN-
TEIL ZUFRIEDENHEIT.
DAS NT LEHRT UNS DIE
HOFFNUNG AUF DAS
ANKOMMEN.
MIR IST TROTZ ALLEM DER
WEG ALS LEBENSPRINZIP
WICHTIGER, ALS
DAS ENDGÜLTIGE.

Kunst, das ist vor allem der
Mut, von dem der gewöhnliche
Mensch keine Ahnung hat.
Diese Arbeit ist ein ermüdendes
Ringen.

Honore de Balzac

WIE KANN NUR EIN DES
WORTES MÄCHTIGER
MENSCH AUF DIE PAARUNG
„ GEWÖHNLICHER MENSCH "
ZUGREIFEN. JEDE ARBEIT IST
EIN ERMÜDENDES RINGEN
UM DAS ANGESTREBTE ZIEL.
SOLCHE STROTZENDE
ARROGANZ IST SEHR
GEWÖHNUNGSBEDÜRFTIG.

Auch ein großer Elefant
verwickelt sich in ein
Frauenhaar.

Chinesisches Sprichwort

JETZT VERSTEH ICH ENDLICH
DIE BIBEL.
ADAM IST DER ELEFANT UND
HAT SICH IN EVAS FRAUEN-
HAAR VERWICKELT.

Anstatt zu klagen, daß die
Rosen Dornen haben, Freude
sollst du haben, dass der
Dornbusch Rosen trägt.

Alte Weisheit

DORNEN HABEN VIELLEICHT
DIE ART ERHALTEN
ICH HALTE WEHRHAFTIGKEIT
FÜR EINE SELBSTACHTENDE
EIGENSCHAFT.

Wir schicken jedes Jahr – und scheuen dabei weder Leben noch Geld – ein Schiff nach Afrika, um Antwort auf die Frage zu finden: Wer seid ihr? Wie lauten eure Gesetze? Welche Sprache sprecht ihr? Sie aber schicken nie ein Schiff zu uns.

Herodot

DIESE HEREN ZIELE WAREN VIELLEICHT IN MANCHEN KÖPFEN, JEDOCH NICHT IN DEN TATEN. MIT DEM I N S T I N K T DES ÜBERLEBEN W O L L E N S BLIEBEN „ N A T U R V Ö L K E R " DER SOGENANNTEN ZIVILISATION FERN.

Die Kunst ist unnütz, aber der Mensch kann auf das Unnütze eben nicht verzichten.

Eugene Ionesco

DER MENSCH W I L L NIE AUF UNNÜTZES VERZICHTEN UND DESHALB AUCH NICHT AUF DIE KUNST.

Aller Tod in der Natur ist Geburt, und gerade im Sterben erscheint sichtbar die Erhöhung des Lebens.

Johann Gottlieb Fichte

WER ERST DES STERBENS BEDARF, UM DAS LEBEN ALS HÖCHSTES GUT ZU EMPFINDEN, DER WAR LEBENSLANG AUF DEM FALSCHEN WEG.

Die Kunst ist eine Tochter der Freiheit.

Friedrich Schiller

UNFREIHEIT ERZWINGT DIE SPRACHE DER KUNST. LEID UND SCHMERZ KANN SICH OFT ERST DURCH DEN V E R M I T T L E R KUNST ARTIKULIEREN.

Das von der Natur gebotene Schöne steht weit über allen Konventionen der Künstler. Das Schöne wie das Wahre hängt von der Zeit ab, in der wir leben, und von dem Individuum, das imstande ist, es zu begreifen.

Gustave Courbet

FÜR „SCHÖNE" UNTERSCHREIBE ICH – 100 PROZENT. FÜR „WAHR" GILT NUR DER PARAMETER Z E I T , IN DEM DIE NATUR ETWAS IN ERFAHRBARER FORM HERVORBRINGT UNABHÄNGIG VOM INDIVIDUUM.

Die Welt ist ein Schauplatz. Du kommst, siehst und gehst vorüber.

Mathias Claudius

DU WIRST IN EINE BESTIMMTE KULISSE HINEINGEBOREN. MANCHE BLEIBEN EIN LEBEN LANG IM GLEICHEN STÜCK. ANDERE SIND UNRUHIG UND VERLASSEN DIE GEGEBENE BÜHNE UND VERSUCHEN, SICH MIT EIGENEM BÜHNENBILD. EINE DRITTE GRUPPE VERLIERT DEN BODENKONTAKT UND SCHWEBT VORBEI AN IRDISCHEM SCHAUPLATZ.

Alles, was die Menschen in Bewegung setzt, muß durch ihren Kopf hindurch, aber welche Gestalt es in diesem Kopf annimmt, hängt sehr von den Umständen ab.

Friedrich Engels

ALLES MUSS ZWAR DURCH DEN BIOLOGISCHEN KOPF, OB ES ABER DURCH KULTUR GEADELT WIRD, HÄNGT VOM SCHICKSAL DES EINZELNEN AB.

Nicht der Mensch hat am meisten gelebt, wer die höchsten Jahre zählt, sondern derjenige, welcher sein Leben am meisten empfunden hat.

Jean Baptiste Rousseau

URALTE NARREN UND JUNGE WEISE SIND DER BEWEIS.

Religion ist Liebe und Versöhnung; schon im Worte liegt es: Sie verbindet wieder – was getrennt war.

Ludwig Börne

BEI RELIGIONEN MIT BEKENNTNIS ZUR GLEICHEN IDEE STIMME ICH DEM STATEMENT ZU, A B E R SEIT URGEDENKEN SIND FEHDEN UND KRIEGE WEGEN UNTERSCHIEDLICHER RELIGIONSIDEEN GEFÜHRT WORDEN.

Das Publikum sieht Kunstfertigkeit für Vollendung an, ohne zu ahnen, daß eleganter Vortrag und virtuose Mache nur untergeordnete Fingerfertigkeiten sind gegen die wahre künstlerische Durchbildung.

Max Liebermann

KUNST FERTIG – ALSO BEREITS HANDWERKLICHE GEÜBTHEIT AUCH FÜR KUNST ANZUWENDEN. LIEBERMANNS „WAHRE KÜNSTLERISCHE DURCHBILDUNG" MEINTE SICHER DIE KREATIVITÄT, DIE UNABDINGBAR FÜR DIE GESTALTUNG MIT HILFE DER KUNSTFERTIGKEIT NOTWENDIG IST.

Kultur ist richtig umschrieben worden als Liebe zur Vollkommenheit; sie ist eine Studie der Vollkommenheit.

Matthew Arnold

NATUR IST VOLLKOMMEN. KULTUR IST DER VERSUCH, SIE SICH DIENSTBAR ZU MACHEN UND DEN KOMMUNIKATIONS- UND VERHALTENSKODEX IN BIOLOGISCHEN SYSTEMEN ZU ERWERBEN UND ZU PFLEGEN.

Sieht man am Haus doch gleich so deutlich, wes Sinnes der Herr sei.

Johann Wolfgang von Goethe

... „MAN" VIELLEICHT ... ICH ABER SEHE, WIE WEIT DIE KONVENTIONELLEN GITTERSTÄBE VON EINER SEELE AUSEINANDERGEBOGEN WURDEN – UM SICH EINE ÄUSSERE GEBORGENHEIT ZU GESTALTEN – KOPIE GESELLSCHAFTLICHER KONVENTIONEN (ÜBER-ICH), DEREN VERWERFUNG (ES) ODER DAS ÄUSSERE ERSCHEINUNGSBILD EINER GEWORDENEN PERSÖNLICHKEIT IN DER EIN I C H (ICH) WOHNT.

Bedenke, daß du der Macht der Finsternis entrissen und in das Licht und das Reich Gottes aufgenommen bist. Durch das Sakrament der Taufe wurdest du ein Tempel des Heiligen Geistes.

Papst Leo der I.

JA, KINDER SIND DER MACHT DER FINSTERNIS AUSGELIEFERT, WENN DIE WELT, IN DIE SIE HINEINGEBOREN WERDEN, NICHT DIE VERANTWORTUNG DER PFLEGE DES KÖRPERS DURCH ERNÄHRUNG, DER ERLEUCHTUNG DES GEISTES DURCH BILDUNG UND DER KULTIVIERUNG IHRER SEELE IM VERMITTELN VON MORAL UND ETHOS ÜBERNIMMT UND IHR GERECHT WIRD. DAZU VERPFLICHTET SICH DIE WELT DURCH DIE TAUFE – EGAL, WELCHER KONFESSION.

Die Leute, die nicht zu altern
verstehen, sind die gleichen, die
nicht verstanden haben, jung zu
sein.

Marc Chagall

MANCHES LEBEN WIRD
G E L E B T. ZEITGEMÄSSES
NEURAHMEN ODER
UMHÄNGEN VERÄNDERT
ZWAR DIE SICHT- UND
ERLEBNISWEISEN EINES
BILDE, JEDOCH BLEIBEN DIE
AUSMASSE STETS
DIESELBEN.
LEBEN IN EIGENER REGIE
STREIFT L U S T V O L L
DURCH JEDES NEULAND.

Mensch, denkst du Gott zu
schauen dort oder hier auf
Erden, so muss dein Herz zuvor
ein reiner Spiegel werden.

Angelus Silesius

HOFFNUNG UND VETRAUEN,
DASS GOTT ÜBER ALLES
WACHT, KANN DIE BLIND-
HEIT DER HERZEN BESIEGEN.
DANN SIEHST DU GOTT
ÜBERALL.

Ohne Gelegenheit ist die Hand des Starken in Fesseln: nützet dem Löwen die Kraft, dem man die Klaue geraubt.

Johann Gottfried Herder

DER WIRKLICH STARKE LÄSST DIE HAND RUHEN T R O T Z GELEGENHEIT. AUCH DER LÖWE WEISS UM SEINE KRAFT UND VERLIERT SIE NICHT DURCH FEHLENDE „KLAUEN". INSTINKT, GEWANDTHEIT UND DER WILLE ZUM SIEGEN ZEICHNEN IHN AUS.

Schön ist eigentlich alles, was man mit Liebe betrachtet .

Christian Morgenstern

WARMHERZIGKEIT ERZEUGT ANGENEHME GEFÜHLE, JEDOCH KEINE SCHÖNHEIT AN SICH. EIN BUCKEL BLEIBT EIN BUCKEL – AUCH WENN ICH DEN MENSCHEN, DER MIT IHM GEZEICHNET IST, LIEBEVOLL BETRACHTE, WIRD DADURCH MEINE INDIVIDUELL GETÖNTE SEHERWARTUNG VON SCHÖNHEIT NICHT VERÄNDERT.

Bitte, meine Herren, Kunst hat
mit Geschmack nichts zu tun.
Kunst ist nicht das, daß man sie
„schmecke".

Max Ernst

KUNST DECKT AUF,
ENTFREMDET, VERZAUBERT,
ENTFESSELT, VERTIEFT,
VERLOCKT, VERURTEILT,
VERBINDET, VERLEIHT,
VERZEIHT, VERSUCHT,
VERZÜCKT, VEREDELT,
VERWIRRT, VERSTEHT,
VERLETZT, VERSETZT,
VERSÖHNT, VERLANGSAMT,
VERKETTET, VERSCHRECKT,
VERSTECKT, VERKEHRT.
DAS HANDWERK
PROVOZIERT ALL SO ETWAS
UND NOCH VIEL MEHR.
ABER KUNST KANN
KULTURHUNGER ANREGEN,
SÄTTIGEN – UND AUCH
APPETIT VERDERBEND
WIRKEN!!!

Die Architektur ist die Fortsetzung der Natur in ihrer konstruktiven Tätigkeit.

Karl Friedrich Schinkel

DIE NATUR BESTEHT AUS KONSTRUKTEN ZWINGENDER NOTWENDIGKEITEN ZUR EXISTENZ AKTION – REAKTION. DER VERSUCH, DIESE GESETZE FÜR DIE MENSCHLICHE KULTURELLE NUTZUNG ZU KOPIEREN, IST FÜR MICH ARCHITEKTUR.

Liebe, aber wahrhaftig! Und es fallen dir die Tugenden von selbst zu.

Ludwig Feuerbach

LIEBE OHNE WAHRHAFTIGKEIT IST KEINE LIEBE. DENNOCH MUSS EIN LIEBENDER NICHT ZU BESONDEREM TAUGEN, WAS FÜR DIE TUGENDEN GILT. AUCH EIN „TAUGENICHTS" KANN HEFTIG UND WAHR-HAFTIG LIEBEN.

Mit den Flügeln der Zeit fliegt
die Traurigkeit davon.

Jean de Lafontaine

... WENN NICHT DURCH ZU
HÄUFIGEN FLUG DIE
MUSKELN ERLAHMT ODER
VON UNGUTEN DIE FLÜGEL
GESTUTZT WURDEN.

Die Welt verstehen heißt für
einen Menschen, sie auf das
menschliche zurückführen, ihr
ein menschliches Siegel
aufzudrücken.

Albert Camus

MENSCHEN KÖNNEN NUR DIE
MENSCHEN WIRKLICH
VERSTEHEN, WENN SIE AM
MITMENSCHEN IN VORLEIS-
TUNG ERBRINGEN, WAS SIE
FÜR SICH ERWARTEN.
DIE WELT IST EBEN NICHT
DER ERDBALL AN SICH,
SONDERN DAS MITEINANDER
VON MENSCHEN AUF IHM.

Wenn ein Affe hineinschaut
(in den Spiegel), kann kein
Apostel heraussehen.

Georg Christoph Lichtenberg

WUNSCHDENKEN HAT SCHON
MANCHES SCHARFE AUGE
GETRÜBT
(VIELE MEINEN, APOSTEL ZU
SEIN UND SIND AFFEN).
ENTSCHULDIGUNG, ICH
BEZIEHE MICH NUR AUF DIE
EITELKEITEN, NICHT AUF
DEN VERSTAND DER TIERE.

Malerei, Skulptur, Literatur,
Musik stehen einander viel
näher, als man im Allgemeinen
glaubt. Sie drücken alle Gefühle
der menschlichen Seele der
Natur gegenüber aus.

Auguste Rodin

GEFÜHLE, DIE DIE ÄUSSERE
NATUR IN DER INNEREN
NATUR DES MENSCHEN
GEBOREN HAT, VERSUCHT
DER KÜNSTLER, EGAL IN
WELCHEM METIER, WIEDER
DER ÄUSSEREN NATUR
ZURÜCKZUGEBEN.
DER KÜNSTLER MUSS,
UM NICHT ZU BERSTEN,
DER KRANKE SOLLTE,
UM NICHT ZU ERSTICKEN,
DER LIEBENDE WILL,
UM NICHT ZU ERTRINKEN.

Wie der Scheidekünstler, so findet auch der Philosoph nur durch Auflösung die Verbindung und nur durch Marter der Kunst das Werk der freiwilligen Natur.

Friedrich von Schiller

KÖRPER, GEIST UND SEELE
IN IHREM WELTENSPIEL
HATTE FRIEDRICH SCHILLER
HIER SICHER IM GEFÜHL.

Mit den Ehen ist es wie mit den Vogelbauern: Die Vögel, die nicht darin sind, wollen mit aller Gewalt hinein, und die, welche darin sind, wieder hinaus.

Michel de Montaigne

DIE EHE IST WEDER EIN
VERSCHLOSSENER HAFEN
NOCH EIN OFFENER KÄFIG.
L U S T LOCKT HINEIN,
L A S T SCHIEBT HERAUS.
DIE KUNST BESTEHT DARIN,
DIE L A S T E N MIT L U S T
ZU TRAGEN.

Die Alten hatten ein Palettchen, kaum so groß wie eine Hand: Jetzt benutzen unsere Maler ein Ding so groß wie eine Tischplatte und schmieren es von einem Ende bis zum anderen voll von allen möglichen Farben: Wahrscheinlich hoffen sie, zufällig dabei einmal eine richtige Farbe mit dem Pinsel zu erwischen.

Edgar Degas

HEUTE SCHICKT MANCHER MALER DEN RECHNER DURCH DIE FARBENWELT. ICH VERMUTE, DASS ER NICHT MEHR NUR VON SEINEM ZIELINNEREN GESTEUERT WIRD, ALS VIELMEHR VON SEINEM SEHEMPFINDEN DES AUGENBLICKS. DAMIT WIRD ER NUR NOCH FÜR DAS THEMA DER SCHÖPFER, BEI DEN FARBEN ABER DER BETRACHTER.

Das Produkt der Kunst ist ein höherer Gegenstand, ein Gegenstand, der in sich ein Ideal birgt, das heißt etwas, das noch außer der Hülle existiert.

El Lissitzky

DIE ÄUSSERE SICHT UND HÖRBARE FORM MANCHER KUNST ERZEUGT BEIM REZIPIENTEN EIN INNERES SUBJEKTIVES IDEAL, DAS SEINER URSPRÜNGLICHEN ÄUSSEREN FORM ENTFLIEHT. KUNST HAT FÜR MICH DEN GRUNDAUFTRAG, NEUE Q U A L I T Ä T E N ANZUSTOSSEN.

Der Frühling ist eine echte Auferstehung, ein Stück Unsterblichkeit.

Henry David Thoreau

POTENTIALE HABEN DEN DRANG, SICH ZU ZEIGEN, GEHEN ABER DAMIT DEN PAKT MIT DEM VERGEHEN EIN.

In der Oper ist alles falsch;
das Licht, die Dekoration, die
Frisuren der Balletteusen,
ihre Büsten und ihr Lächeln.
Wahr sind nur die Wirkungen,
die von ihr ausgehen.

Edgar Degas

OHNE DIE VERZAUBERNDE
BÜHNE MIT IHREN UNS
BETÖRENDEN GESTALTEN
DRINGT DIE EPISODE ABER
OFT NICHT INS GEFÜHLS-
LEBEN EIN.
DER WAHRE ALLTAG
IST OFT DIE UNDURCH-
DRINGLICHE MAUER UNS
AUF FREMDE GEFÜHLE EIN-
ZULASSEN UND DARIN UNS
SELBST ZU ERKENNEN.

Im Königreich der Liebe soll
die Liebe die Königin sein.

Franz von Sales

BLEIBT NUR DIE FRAGE, WER
IST DAS GELIEBTE WESEN
DER KÖNIGIN ZUM BEISPIEL.
PURE EIGENLIEBE LÄSST
AUCH JEDES KÖNIGREICH
WURMSTICHIG WERDEN.
SICH WERTSCHÄTZEN UND
ANDERE ACHTEN SIND NOT-
WENDIGE SÄULEN DES
KÖNIGREICHS S E E L E.

Hinterlistig strömt Amor in das arglose, unbewehrte Herz. Dem müßig Herumsitzenden pflegt dieser Knabe nachzustellen, die Tätigen verabscheut er.

Ovid

LIEBE BEDARF DER MUSSE. HETZE UND EILE TÖTEN NICHT NUR KÖRPERLICHE LUST.

Jeder Mensch trägt in sich eine Welt, die sich aus allem zusammensetzt, was er gesehen und geliebt hat, und in die er immer wieder zurückkehrt selbst wenn er fremde Welt durchstreift.

Napoleon III.

ER KEHRT NICHT ZURÜCK, WEIL ER SIE NIE VERLÄSST. ER ÖFFNET NUR DIE FENSTER UND TÜREN FÜR ERGÄNZUNGEN.

Der aber dem Altar dient, der
soll vom Altar erhalten werden.
Das ist der Altar, deine Hand.

Philippus Theophrastus Paracelsus

DIE HAND SOLLTE GEBEN,
WENN DIE SEELE WILL
NEHMEN.
AUCH GEISTESGUT
VERLANGT SCHWEISSES-
GLUT.
NICHTS AUF DER WELT IST
OHNE WAS ANDRES. STETS
WANDELST DU AUS
FREMDEM BEKANNTES.

Zugefroren ist der Teich im
Winter, doch ich weiß einen
Wasserstreifen darin: Nimmer
wird ein Quell zu Eis.

Meuji-Ishin Tenno

LAVA HÄLT NICHT
GLETSCHER AB HOCH OBEN
STOLZ ZU THRONEN.
AUCH TIEFE QUELLEN
WEHREN NICHT DASS
WASSER FRIERET OBEN.
SO LAUERT STÄNDIG DIE
GEFAHR WIE QUELLEN
UNSRER ENERGIE VOM
LEBEN ZUGESCHÜTTET
EIN ANSCHEIN VON UNS
BILDEN AB – ENTFALTUNG
OFT VERHINDERT.

… denn die gewaltige Macht
der Minne ist neu und ansehn-
lich süß in ihrem Gehaben und
verbüßt mit Lohn alle
Beschwernis.

Hadewijch von Antwerpen

HEUTE
WIRD DIESE MACHT OFT DEM
SEX ZUGESCHRIEBEN.
DIE SEHNSUCHT NACH
„ANNEHMLICH SÜSS" UND
„LOHN FÜR ALLE
BESCHWERNIS" WIRD
DESHALB SELTEN IN DER
WIRKLICKEIT ERFÜLLT.

Um recht zu tun, muß man im
Alter das Alter und in der
Jugend die Jugend vergessen.

Joseph Joubert

N E I N ! DER JUGEND
VERTRAUEN –
DES ALTERS GEDENKEN,
DES ALTERS BEWUSST SEIN –
DAS MÖGLICHE FORDERN –
SICH DER JUGEND ERINNERN
H Ö C H S T E
E R W A R T U N G   U N D
A L L E S   B I E T E N
IM   I S T – IST DES LEBENS
STABILES GERÜST.

Wenn wir es recht überdenken,
so stecken wir doch alle nackt
in unseren Kleidern.

Heinrich Heine

TAUTOLOGIE. BEKLEIDET
ODER UNBEKLEIDET IST DAS
GEGENPAAR.
NACKTHEIT BEDARF DES
BETRACHTERS!
NACKT WERDEN WIR
GESEHEN BEIM EINTRITT INS
ÄUSSERE LEBEN.
VERANTWORTUNG TRAGEN
WIR FÜR DAS WÄHREND DES
SEINS ENTSTANDENE
BESONDERE FELL.
WENN WIR VON DER BÜHNE
ABTRETEN – IST DAS
E I N Z I G A R T I G E   DAS,
WORAN SICH DIE MENSCHEN
ERINNERN.

Der Zeitgeist bündelt die Kräfte
und wählt aus unendlichen
Ideen.

Victor Hugo

NUR EINE IM MOMENT
REALISIERBARE.

Ein richtiger Steuermann fährt
mit zerrissenem Segel, und
wenn er die Takelage verloren
hat – zwingt er dennoch den
entmasteten Rumpf des Schiffes
an den Kurs.

Seneca

WER SEIN ICH IM KAMPF
ZWISCHEN INNEN (TRIEB / ES)
UND AUSSEN (NORMATIV /
ÜBERICH) GERETTET HAT –
KANN STÜRME ÜBERWINDEN
OHNE SEGEL UND MAST.

Des Reichtums Erwerb ist mit
Mühe und Arbeit verbunden
sein Besitz von Furcht und sein
Verlust von Schmerz begleitet,
immer ermüdet und beschwert
er die Seele.

Papst Innocenz III

WER SICH MEHR UM SEINE
SEELE MÜHT ALS UM
ÄUSSEREN REICHTUM, WIRD
AN INNEREM REICHTUM
WACHSEN. SORGFALT UND
ANSTRENGUNG IST JEDER
AUCH EINER UNBESCHWER-
TEN SEELE SCHULDIG.
DEM GEWISSEN ZU FOLGEN
IST EINE DER SCHWERSTEN
LEISTUNGEN.

Entspannung für Körper, Geist und Seele kann der Spaziergang sein.

Henry David Thoreau

SEGEN GENIESSE ICH – WENN ICH DEN MORGEN SEHEN, FÜHLEN, RIECHEN KANN, MEIN KÖRPER MIR SCHMERZFREI GEHORCHT UND ICH MIR DAZU NOCH EIN FRÜHSTÜCK LEISTEN KANN – OHNE ZU SCHMAROTZEN.

Wenn du ein Bild umbringen willst, dann kannst du nichts Besseres tun, als es prächtig an einem Nagel aufzuhängen. Wenn es schief vor dir steht, siehst du es besser.

Pablo Picasso

DIESER RAT GEZIEMT NUR DEM SCHÖPFER. SOLANGE ES SCHIEF VOR MIR STEHT, IST ES UNVOLLENDET UND WARTET AUF SEINE END-GÜLTIGE REIFE. AUCH OBST WIRD DANN GEERNTET ODER FÄLLT VOM ZWEIG. DER KREATIVVORRAT FÜR DIESES BILD IST VEBRAUCHT – EMPFINDE ICH B E S S E R ALS UMBRINGEN.
FÜR BETRACHTER WIRD ES ERST DANN GEBOREN.

Rom, Neapel und Venedig sind
nicht vergleichbar.

August Graf von Platen

DAS BEWERTEN SPIEGELT
HOFFNUNGEN, WÜNSCHE
UND ERWARTUNGEN DES
GRAFEN VON PLATEN.
WER ITALIEN BEREIST HAT,
ERKENNT CHARME
IN ALLEN.
DER TAUSEND JAHRE
JÜNGEREN STADT DEN
VORZUG EINZURÄUMEN –
KÜNDET VON JUGEND-
LICHEM ERLEBNISHUNGER.

Alles Vortreffliche ist selten.

Cicero

DESHALB WIRD ES AUCH
NUR SELTEN ERKANNT VON
VORTREFFLICHEN
SELTENEN MENSCHEN.

Die wahre Schrift, von welcher die Buchstabenschrift nur ein Schattenbild ist, das ist die beseelte lebendige Sprache.

Plato

ICH MEINE, DASS DIE WAHRE SCHRIFT DAS EREIGNISBILD DER HÖHLENMALEREI WAR. DIE BUCHSTABENSCHRIFT VERLIERT AN EINDEUTIGKEIT. WORTDEUTUNGEN SIND JA WIRKLICH IN IHREM KONTEXT AN DEN SPRECHENDEN UND DEN HÖRENDEN – DIE GEMEINSAME AURA UND DAS GEMEINSAME ANLIEGEN – V E R S T E H E N ENTSTEHEN ZU LASSEN – GEBUNDEN.

Beim Lesen lässt sich vortrefflich denken.

Leo Tolstoi

LESEN FOLGT GEISTESFÄDEN A N D E R E R ! SCHWEIFT MAN IN DIE EIGENEN GEDANKEN AB, L I E S T   M A N   N I C H T. VORTREFFLICH ABER IST DIE ANREGUNG UND BEREICHERUNG.

Keiner verirrt sich so weit weg,
dass er nicht zurückfinden kann
zu dir, der du nicht bloß bist wie
eine Quelle, die sich finden lässt.

Soeren Kirkegaard

DIE QUELLE TRAGE ICH IN MIR! OB SIE IM LAND VERSICKERT, IN EINEM SEE, BACH, FLUSS, STROM ODER OZEAN MÜNDET. AUCH WENN SIE SICH ZU EINEM DELTA VERZWEIGT – DRÄNGT SIE IMMER VORWÄRTS. SUCHEN MUSS SIE EIN ANDERER.

Echtes Gottvertrauen ist wie das
tiefe Meer im Tagesschimmer:
Es leuchtet im Sonnenglanze der
Liebe und spiegelt den Himmel,
trotzdem alle gescheiterten
irdischen Hoffnungen in seinen
Tiefen versunken ruhen.

Otto von Leixner

GOTT VERTRAUEN IST RISKANT, RETTUNGSRING ERGREIFT DIE HAND, DENN GOTT MIT WOHLGEFALLEN SIEHT, DASS MENSCH SICH AUCH UMS SEIN BEMÜHT.

Nicht auf den Hahnenschrei
fängts an zu tagen, sondern der
Hahn kräht darum, weil es tagt.

Imre Madach

> HAT DIE ERDE SICH
> GEDREHT – AUCH DER
> HAHN VON NEUEM KRÄHT
> WAS BLEIBT DEM
> MENSCHEN NOCH ZU TUN?
> ZU WARTEN AUF EIN EI
> VOM HUHN!

Was das Gold spricht, schweigt
jede Zunge.

Italienisches Sprichwort

> ICH BIN ÄUSSERLICH
> REICHER ALS VIELE.
> ICH BIN SCHEINBAR
> MÄCHTIGER ALS DIE
> MEISTEN.
> ICH BIN WAHRSCHEINLICH
> FURCHTLOSER ALS
> MANCHER.
> TRAUST DU DEINEM
> INNEREN REICHTUM NICHT,
> FEHLT ES DIR AN
> KOMPETENZ ALS
> WIRKLICHEM MACHT-
> FAKTOR.
> NUR DEINE TORHEIT
> FÜTTERT DAS RISIKO.

Die Überraschungen des Lebens haben schon den sichersten Reiter aus dem Sattel gehoben.

Friedrich von Schiller

SICH SELBST VERTRAUEN, BLITZSCHNELL DIE GANGART WECHSELN – GILT FÜR JEDE PLÖTZLICHE VERUNSICHERUNG. SELBSTÜBERSCHÄTZUNG, ALLE UNWEGSAMKEITEN DES LEBENS ZU KENNEN, SCHAFFEN ÜBERRASCHUNGEN, FÜR DIE WIR REAKTIONEN NICHT GELERNT HABEN.

Große Kunst ist dann erreicht, wenn man nichts mehr weglassen kann.

Chinesisches Sprichwort

KUNST KANN DURCH GENIALE ABSTRAKTION ENTSTEHEN: GROSSE KUNST ABER ERFÜLLT UNS SO SEHR, DASS WIR NICHTS MEHR HINZUFÜGEN WOLLEN.

Das Prinzip aller Dinge ist
Wasser, aus Wasser ist alles, und
ins Wasser kehrt alles zurück.

Thales von Milet

2569 JAHRE VOR MIR
GEBOREN!
ICH MEINE, DASS WASSER,
ERDE, LUFT, FEUER – ALLE
SAUERSTOFF BRAUCHEN.
WASSER FLÜSSIG –
SEELENSYMBOL;
ERDE FEST – KÖRPERSEIN;
LUFT GASIG –
GEIST UNGREIFBARKEIT;
FEUER MEIN SYMBOL FÜR
LEBEN.
ÜBERGANGSZUSTAND FÜR
FEST - GAS - FLÜSSIG –
VERÄNDERTE FESTFORM.
MANCHMAL
VON DER GEBURT BIS ZUM
TOD VERBRENNT AUCH DIE
ZEIT AUF ERDEN.

Die Kunst ist grenzenlos, allein
die Ausdrucksfähigkeit ihrer
Mittel setzt ihr Schranken.

Max Liebermann

SCHRANKEN SIND DIE
UNWISSENHEIT UM
UNENDLICHE AUSDRUCKS-
MÖGLICHKEITEN
UNABHÄNGIG DER MITTEL.

Gnade ist Teilhabe am
Göttlichen, denn Gott zieht durch
seine Gnade die Seele an wie
Magnet das Eisen.

Girolamo Savonarola

ENTWICKELTE KULTUREN
SIND AN SOZIALE
STRUKTUREN GEBUNDEN.
GNADE GEWÄHREN KANN
IMMER NUR DER, WELCHER
AUCH DIE MACHT HÄTTE,
RECHT EINZUKLAGEN.
WENN SEIN VERHALTEN
DANN GOTT ÄHNLICHER
BEWERTET WIRD, SCHADET
DAS AUCH KEINEM UNGE-
TAUFTEN.

Reisen heißt entdecken, dass
alle Unrecht haben mit dem, was
sie über andere Länder denken.

Aldous Huxley

DENKEN VERDIENT NICHT
DAS PRÄDIKAT UNRECHT.
SOGAR BEHAUPTUNGEN
NACH ERFAHRUNGEN SIND
DURCH DIE INDIVIDUEN
GEFÄRBT UND DAS
BETRIFFT DIE ENGE
UMWELT ALS AUCH DAS
FERNSTE LAND.

Die Kunst ist eine Abstraktion: Ziehen Sie sie aus der Natur heraus, während Sie von ihr träumen, und denken Sie mehr an die Schöpfung als an das Ergebnis, das ist der einzige Weg, zu Gott aufzusteigen und es unserem göttlichen Meister gleichzutun: zu erschaffen.

Paul Gauguin

DIE HOFFNUNG ES DEM GÖTTLICHEN MEISTER GLEICHZUTUN IM ER-SCHAFFEN – IST GENAU DER IRRTUM, WIE IN DER TECH-NIK, DASS WIR WIRKLICH MACHT ÜBER DIE NATUR ENTWICKELN KÖNNTEN. IN JEDER KUNST FORMEN WIR HANDWERKLICH – WAS UNSERE VIELLEICHT VON GOTT INSPIRIERTE SEELE EMPFUNDEN HAT.

Erstaunlich, dass der Mensch nur hinter seiner Maske ganz er selbst ist.

Edgar Allan Poe

WER DENN SONST!!! ALLERDINGS UM WIRKLICH SELBST ZU WERDEN, MUSS AUS FREMDSTEUERUNG IN MÜHEVOLLER ARBEIT EIGENSTEUERUNG WERDEN.

Die Zigarette ist das vollständige
Urbild des Genusses:
Sie ist köstlich und lässt uns
unbefriedigt.

Oscar Wilde

WER DIE ZIGARETTE ALS PHALLUSSYMBOL DEUTET, IST SEHR BESCHEIDEN IN SEINER GENUSSERWARTUNG. KÖSTLICHKEIT KANN SIE DEM LUSTVOLLEN GENIESSER VORGAUKELN, WEIL SEINE SPANNUNG FÜR KURZE ZEIT ABGELENKT IST, OBWOHL SIE SEINER GESUNDHEIT SCHADET.

Unser größter Triumph liegt nicht
darin, niemals zu fallen, sondern
darin, immer wieder aufzustehen.

Ralph Waldo Emerson

AUFSTEHEN IST IM „INSTINKT" VORGEGEBEN. TRIUMPH ABER KANN DER EMPFINDEN, DER DIE EIGENEN STOLPERSTEINE ERAHNT, ERKENNT, VERMEIDET, WAS IMMER MIT MÜHSAMER ARBEIT VERBUNDEN IST.

Auch ein gutes Pferd stolpert
einmal.

Französisches Sprichwort   OUI!

Alle Kunst ist der Freude
gewidmet, und es gibt keine
höhere und ernsthaftere Aufgabe,
als die Menschen zu beglücken.

Friedrich von Schiller   DAS HANDWERK SOLL
BEGLÜCKEN, DER INHALT
MUSS ERSCHÜTTERN.

Was ist herrlicher als Gold? –
Das Licht!

Johann Wolfgang von Goethe   GOLD IST HERRLICH DURCH
SEINE EIGENSCHAFTEN UND
SEINEN SONNENGLANZ.
DIE URSACHE DAFÜR ABER
IST DIE SONNE SELBST.
SIE IST DAS HERRLICHSTE,
WEIL SIE DAS
HERRLICHKEITSEMPFINDEN
ERST ERMÖGLICHT.

Die Kunst ist das
Kompliment der Natur.

Novalis

SIE IST EINE FORM DER VEREHRUNG. NATUR PUR MIT ALLEN SINNEN VERSUCHEN ZU ERLEBEN, IST ABER DIE NOCH GRÖSSERE VEREHRUNG UND BEDARF NICHT DES HANDWERKLICHEN TALENTS.

Das Schicksal macht nie einen König matt, ehe es ihm Schach geboten hat.

Ludwig Börne

SELBSTÜBERSCHÄTZUNG ODER FALSCHER HOFSTAAT BEHINDERT ABER OFT DIE ERKENNTNIS EINER BEDROHLICHEN ANKÜNDIGUNNG.

Aber das Leben in der Natur gibt
zu erkennen die Wahrheit dieser
Dinge. Darum sieh sie fleißig an,
richt dich danach und geh nicht
ab von der Natur in dein gut
Gedünken.

Albrecht Dürer

> DIE GESEHENE NATUR IN
> DIE DARSTELLENDE HAND
> ZU LENKEN MUSS VOM
> N I C H T B E G A B T E N
> VON DEN B E G A B T E N
> ERLERNT WERDEN.

Maria ist eine wahrhafte Mutter
aller Christen, und jeder
wahrhafte Christ ist ein Sohn
Mariens.

Origines

> CHRISTEN VEREHREN
> MARIA ALS VERMITTLERIN
> ZWISCHEN IRDISCHEM SEIN
> UND NICHTFASSLICHER
> SEHNSUCHT NACH GÖTT-
> LICHER LIEBE.
> VIELLEICHT KANN MARIA
> FÜR SOLCHE EIN BRÜCKEN-
> STEG SEIN, DIE EINE ÜBER-
> QUERUNGSMÖGLICHKEIT
> VON UNTIEFEN SUCHEN, OB
> ZU SICH ODER ZU ANDEREN.
> HILFE SUCHEN IST DER
> ERSTE SCHRITT, EIGENE
> ANTWORTEN ZU FINDEN.

Es ist besser, einen Hund zu
haben als eine Tochter. Ein Hund
bewacht das Haus, eine Tochter
wird es verlassen.

Chinesische Weisheit

OHNE TÖCHTER WÄRE ABER
NIEMAND MEHR DA; SICH
EINEN HUND ZU HALTEN.

Die letzte Stufe des Unglücks ist
die erste Stufe des Glücks.

Carlo Dossi

WEM HILFT SO EIN SPRUCH.
ES WEISS KEINER.
SIE KENNT KEINER VORAUS!

Der Mensch kann sich besser in
einem kleinen Häuschen
einrichten als in einem riesigen
Schloß.

Leo Tolstoi

DER MENSCH HAT DIE
GRÖSSTE MÜHE SICH IN
SEINEM ICH EINZURICHTEN.
DAS IST DAS K L E I N S T E
G R Ö S S T E HAUS.
DANN IST ER IN DER WÜSTE
ODER IM URWALD IN DER
GROSSSTADT ODER AUF
DER ALM – ÜBERALL ZU
HAUSE.

Wer tugendhaft lebt, wird geehrt,
aber er wird nicht beneidet.

Persisches Sprichwort

WAHRE TUGEND WIRD VON
EHRE ÜBERRASCHT UND
FÜHLT MIT DEM UM
TUGEND R I N G E N D E N.

Weder ein Talent ohne,
Wissenschaft noch eine
Wissenschaft ohne Talent kann
je einen vollendeten Künstler
schaffen.

Vitruf

OB IN DER WISSENSCHAFT
ODER IN DER KUNST
IST DER TÄTIGE FLEISS DIE
VORAUSSETZUNG FÜR DAS
WERDEN EINER
HERAUSRAGENDEN
PERSÖNLICHKEIT.

Amor ist ein mächtiger Fürst.
Und hat mich so gebeugt, dass
ich bekenne. Es gibt kein Weh,
das seiner Strafe glich, doch
gibt's nicht größere Lust,
als ihm zu dienen.

William Shakespeare

HEUTE SAGT M A N:
„OHNE IHN BIN ICH EINE
ARME SAU UND MIT IHM
HAT MAN MICH ZUWENIG
GELEHRT ZU LEBEN".

Wen es innig verlangt zu
lieben, der wird bald innig
lieben.

Franz von Sales

OFFEN BLEIBT:
WAS, WEN, WO, WANN, WIE.

Es ist ein Unterschied
zwischen vornehm und edel.

Jakob Boshard

VORNEHM KANN EIN ÄUSSERES ERSCHEINUNGSBILD ODER GEBAREN SEIN, GARANTIERT DAMIT ABER KEINE HOCHWERTIGE QUALITÄT WIE ANSTÄNDIG MORALISCH ALSO WERTVOLL. TRIFFT VORNEHM UND EDEL ZUSAMMEN, BEGEGNET UNS EIN GLÜCKSFALL (WER EDEL IST, BEDARF NICHT WIRKLICH DES VORNEHMEN „GETUES" --- MANCHMAL ABER MUSS ER SICH DESSEN BEDIENEN).

Ohne Mut trägt die Weisheit
keine Früchte.

Baltasar Gracian y Morales

NUR DER WISSENSHUNGRIGE SCHÄMT SICH NICHT SEINER N O C H D U M M H E I T. ALLE ANDEREN VERGRABEN SIE UND WERDEN DESHALB FEINDSELIG UND ABWEISEND. WEISHEIT MUSS SICH AUCH GEPFLÜGTEN UND BESTELLTEN ACKER SUCHEN.

Immer ist die wichtigste
Stunde die gegenwärtige;
immer ist der wichtigste Mensch
der, der dir gerade gegenüber-
steht; immer ist die wichtigste
Tat die Liebe.

Meister Eckhart

BIN ICH DER LIEBE FÄHIG,
RESULTIERT DAS DARAUS,
DASS ICH IMMER
AUFMERKSAM BIN IN
JEDEM AUGENBLICK UND
JEDEM MENSCHEN
GEGENÜBER.
DIE SITUATION
BEGRÜNDET, OB AUS
VORSICHT /RÜCKSICHT /
ERWARTUNG ODER
DANKBARKEIT.

Der Kaufmann hat auf der ganzen
Welt dieselbe Religion.

Heinrich Heine

GEWINNOPTIMIERUNG IST
DAS LEBENSPRINZIP AN
SICH. KAUFLEUTE HABEN
DARAUS NUR EINEN BERUF
GEMACHT.

Malen heißt nicht Formen
färben, sondern Farben formen.

Henri Matisse

                FARBEN SIND
                WAHRNEHMUNG,
                KEINE FORM.
                WIR KÖNNEN BEIM MALEN
                NUR VERSUCHEN, UNSERE
                GEFÜHLTE FARBE FÜR
                ANDERE SICHTBAR WERDEN
                ZU LASSEN.

Liebe bleibt die goldene Leiter,
drauf das Herz zum Himmel
steigt.

Emmanuel Geibel

                AUCH WENN DER UNTER-
                GRUND FÜR DIE LEITER
                SEHR SORGFÄLTIG
                GEWÄHLT, MÜSSEN OFT
                DEFEKTE ODER
                G E N E I D E T E SPROSSEN
                DURCH SCHWERE KLIMM-
                ZÜGE ÜBERWUNDEN
                WERDEN. MANCHER BE-
                STIEG SIE UNBEKÜMMERT
                UND LANDETE IN DER
                HÖLLE.

Ich bin der einzige Künstler, den
die Natur kopiert.

Salvador Dali

NICHT „DEN", NUR D E R .
WEIL NATUR AUCH UNSERE
IMMATERIELLEN
VORSTELLUNGEN GEBIERT,
DIE KÜNSTLER NUR IN
SICHTBARE FORMEN
BRINGEN.

Welche Freude, wenn es heißt:
Alter, du bist alt an Jahren,
blühend aber ist dein Geist.

Gotthold Ephraim Lessing

DER GEIST SOLLTE
WACHSEN WIE DIE JUGEND.
NOCH GRÖSSER WIRD ABER
DIE FREUDE AN WEISHEIT,
WENN KEINE SCHMERZEN
DIE GEISTESGLUT
ERSTICKEN.

Wenn ich um deinen Blick das ganze, unendliche Netz der kleinen blauen und braunen Flecke webe, die dort sind, die sich miteinander verbinden, dann werde ich dich auf meinem Bilde blicken machen, wie du bist.

Paul Cezanne

SEHEN IST EINE GABE.
EINE NOCH GRÖSSERE ABER
DAS GEFÜHLT GESEHENE
WIEDER ÜBER HANDWERK-
LICHES KÖNNEN SICHTBAR
FÜR ANDERE ZU
MATERIALISIEREN.

Sei wie ein Fels, an dem sich beständig die Wellen brechen! Er bleibt stehen, während sich rings um ihn die angeschwollenen Gewässer legen.

Marc Aurel

DIESER WUNSCH KANN NUR
IMMER FÜR EINE KONKRETE
SITUATION ZU EINEM
BESTIMMTEN ZEITPUNKT
GÜLTIGKEIT HABEN.
DAS LEBEN SELBST
VERLANGT VON UNS EINE
FLEXIBILITÄT WIE DIE
SCHMIEGSAMKEIT DES
WASSERS.

Mit allen wird von selbst
Vergnügen sich verbinden;
Vergnügen aber, das man sucht,
ist nicht zu finden.

Friedrich Rückert

VERGNÜGEN, DAS ICH MIR
AUS MEINEM I C H FÜR
MICH SELBST AUSGESUCHT
HABE, WIRD MIR FREUDE
BRINGEN. GEMEINSAMES
TUN GARANTIERT NIX. ES
ERÖFFNET NUR EINE
MÖGLICHKEIT. SOLANGE
ICH NUR EINEM GERÜHM-
TEN VERGNÜGEN FOLGE,
WIRD ES MICH ZWAR
BESCHÄFTIGEN, ABER
NICHT SICHER BEREICHERN.

Die Kunst ist keine Dienerin
der Menge.

August von Platen

SIE SOLL KÖNIGIN ALS
EINZIGARTIGES SEIN! DEN
EINZELNEN IN EINEM
MOMENT BERÜHREN.

Groß sind die Werke des Herrn, kostbar allen, die sich an ihnen freuen.

Psalm 111,2

ALLE KUNSTWERKE ERFREUEN IRGENDWEN UND WENN AUCH NUR DEN SCHÖPFER. KOSTBAR KANN AUCH DER KLEINSTE ZIEGELSTEIN SEIN, WENN DER FINDE-MOMENT BEDEUTSAM WAR.

Am Himmel deiner Augen, Geliebte, seh' ich milde Sterne wallen, die mir voran mit lichtem Beispiel gehen; und drin, wie in Kristallen, aus welchen Liebe meine Blicke saugen, kann ich den Abglanz deines Herzens sehen.

Francesco Petrarca

DAS AUGE IST WIE EIN VULKANKRATER. ER KANN GLUTEN SCHLEUDERN MITTEN INS HERZ UND UNERGRÜNDLICHE ABGRÜNDE ÖFFNEN.

Denn du bist der Geringen Schutz gewesen.

Jesaia 25,4

JEDE UNTERSCHEIDUNG ZWISCHEN GERING & NICHT GERING WIDERSPRICHT! ALLES IRDISCHE IST AUSGELIEFERT DEM AUSSERIRDISCHEN, ALLES KÜNSTLICHE DEM NATÜR-LICHEN, ALLES WELTLICHE DEM GÖTTLICHEN.
SO WIE DER GERINGE FÜR SCHUTZ DANKT, KÖNNTE DER MÄCHTIGE FÜR EINE GELUNGENE BEDROHUNG ANDERER DANKEN.

Auf Religion des Herzens führt uns leicht alles: der Sternenhimmel, das Abendrot, ja das Abendgeläute, jede Rührung, vielleicht mancher Schmerz.

Jean Paul

RELIGION DES HERZENS IST FÜR MICH ECHT IM WOHL-TUENDEN HANDELN (PFLANZE, TIER, MENSCH, NATUR).
NUR DAS BERÜHRTSEIN VON DER SCHÖNHEIT ODER ALLGEWALT GENÜGT NICHT.

Bei jedem Kunstwerk von Bedeutung bedenke, dass wahrscheinlich ein Bedeutenderes hat aufgegeben werden müssen.

Paul Klee

NUR WENN ICH DIE NATUR AN SICH ALS BEDEUTENDERE BEGREIFE. DANN STIMMT DER SATZ, WEIL – STEINE WURDEN AUS IHREM ZUSAMMENHANG GERISSEN, PFLANZEN UND HÖLZER HATTEN IHR LEBEN BEENDET, EHE SIE ZU FARBEN UND SKULPTUREN WURDEN.
ERDE ALS GANZES HÖRT AUF ZU SEIN, WEIL SIE IN BESTANDTEILE ZERGLIEDERT WIRD, UM METALLE FREIZUGEBEN.
DIE BEDEUTUNG EINES KUNSTWERKES ENTSTEHT ABER ERST IN SEINER WECHSELWIRKUNG MIT DEM EMPFINDENDEN MENSCHEN.

Wie Schnee so schmilzt der Tag.

Titus Maccius Plautus

AUF DIE BEDINGUNGEN KOMMT ES AN. FÜHLST DU AUSWEGLOSIGKEIT, WIRD DER TAG ZUR EWIGKEIT. BEDEUTSAMKEITEN FÜR KÖRPER, GEIST UND SEELE ERZEUGEN DAS GEFÜHL, DASS MAN DIE ZEIT DIR STEHLE.

Kinder rechnen nicht mit der Zeit, daher ihre lange und gründlichen Beobachtungen.

Jacob Boshart

KINDER LEBEN IN DER LUST DES AUGENBLICKS UND VERGESSEN DESHALB RAUM UND ZEIT.
DER WISSENSDURSTIGE, NEUGIERIGE, FORSCHER, LIEBENDE –
VERGISST DIE ZEIT WEGEN GRÜNDLICHER BEOBACHTUNG.

Kunst ist Spiel, und das Spiel hat seine Gesetze.

Theo von Doesburg

KUNST SOLLTE GESETZE ENTWEDER STRIKT BEACHTEN ODER BEWUSST AUSSER ACHT LASSEN. DAZWISCHEN AKZEPTIERE ICH NICHTS.
SPIEL IST PROBIEREN, ÜBEN, ERKUNDEN, ERFAHREN, ERKENNEN, SPIELERISCH (OHNE FOLGEN), ANWENDEN DES HIER UND JETZT WISSENS.
DEM WISSENDEN WIRD DESHALB SPIEL NICHT MEHR VERZIEHEN. DENN VON IHM WIRD DIE ANWENDUNG ERKANNTER GESETZMÄSSIGKEITEN GEFORDERT.
PS: ES KANN EINE KUNSTFERTIGKEIT DES WESENS SEIN, DIE WELT SPIELERISCH AUCH ALS WISSENDER UMFASSENDER ZU ERKUNDEN.

Auch ein König ist nur das Kind
seiner Mutter.

Indisches Sprichwort

JEDER IST KIND EINER
MUTTER! IM NORMALFALL
WIRD DADURCH JEDES KIND
FÜR EINE WEILE ZUM
K Ö N I G .

Immer begehrend, des
Gewonnenen immer wieder
überdrüssig wie der große
Verführer aus Sevilla, unterwirft
er sich stets einer Frau, um sich
dann durch seine Arbeiten von ihr
zu befreien.

Brassai über Pablo Picasso

WER LUST AM EROBERN IN
SICH SPÜRT, VERLIERT
DIESE NICHT DURCH DAS
ERREICHEN SEINES ZIELS.
SIE HÄLT IHN AUCH NICHT
AUF WEITER ZU
LEBEN – ALSO ZU EROBERN.

Die schöne Kunst zeigt darin
eben ihre Vorzüglichkeit, dass sie
Dinge, die in der Natur hässlich
oder missfällig sein würden,
schön beschreibt.

Immanuel Kant

> HÄSSLICH ODER
> MISSFÄLLIG SOLLTE NICHT
> SCHÖN BESCHRIEBEN,
> SONDERN NUR GEMIEDEN
> WERDEN.

Jeder Mensch ist ein Adam;
denn jeder wird einmal aus dem
Paradiese der warmen Gefühle
vertrieben.

Johann Wolfgang von Goethe

> NICHT JEDER MENSCH
> ERLEBT DAS PARADIES DER
> GEBORGENHEIT.
> DER NATÜRLICHE LEBENS-
> BOGEN IST VORGEGEBEN,
> NUR DER TRÄUMER FÜHLT
> SICH VERTRIEBEN.

… denn die Kunst ist in hohem
Grade um ihrer selbst Willen
vorhanden.

Jacob Burckhardt

„L'ART POUR L'ART"
AUS DEM 19. JAHRHUNDERT,
UMSCHREIBT DAS
SOGENANNTE NUTZLOSE
TUN (SPIEL OHNE HINTER-
GEDANKEN AN
GESCHÄFTE).
KÜNSTLER HABEN IMMER
IMMATERIELLEN GEWINN
UND WÜNSCHEN AUCH
MATERIELLEN NUTZEN, OB
ERKANNT ODER UNER-
KANNT.
DIE DAUERHAFTESTEN
KUNSTWERKE SIND IM
AUFTRAG ODER IM
EIGENEN/ FREMDEN
ZWECKDIENST ENTSTAN-
DEN.

In der Kunst schweigt der
Mensch und das Bild spricht.

Boris Pasternak

IN DER DARSTELLENDEN
KUNST SPART DER MENSCH
NUR DIE DOLMETSCHER.

Gott wünscht, dass wir den Tieren beistehen, wenn es vonnöten ist. Ein jedes Wesen in Bedrängnis hat gleiches Recht auf Schutz.

Franz von Assisi

ARTERHALTUNG DURCH PFLEGE ODER AUSSCHLUSS IST TIERISCHEM LEBEN ANGEBOREN.
WIR MENSCHEN HABEN DIESEN INSTINKT VERLOREN. ERST WÄHREND DER NACHGEBURTLICHEN REIFUNG KÖNNEN WIR EIN SOZIALGEFÜHL DURCH AKTIVE KULTIVIERUNG ENTWICKELN.
GELINGT DER PROZESS, WIRD AUS LEBENSWILLE A C H T U N G VOR JEDEM LEBEN UND DAMIT BEISTAND IN BEDRÄNGNIS FÜR TIER UND MENSCH EIN INNERES BEDÜRFNIS.

Das Schiff hängt mehr am Ruder
denn das Ruder am Schiff.

Sprichwort

HÖCHSTENS MEHR AM RUDERER! DENN AUCH OHNE BIETET ES TROCKENE FÜSSE MITTEN IM WASSER. EIN UNFÄHIGER STEUERMANN KANN AUCH MIT BESTEM RUDER MIT SEINEM SCHIFF DEN SICHEREN HAFEN VERFEHLEN.

Drücken wir das Abbild der
Ewigkeit auf unser Leben.

Friedrich Nietzsche

GOTTES STRAFE AM MENSCHEN VOR DEM SOGENANNTEN „SÜNDENFALL" WAR DAS POTENTIELLE BEWUSSTWERDEN DER IRDISCHEN ENDLICHKEIT. ALLE SEHNSUCHT NACH EWIGKEIT IST ALS GEGENGEWICHT DAZU NOTWENDIG (TIERE WISSEN NICHT UND KREIEREN KEINE KUNST).

Wenn es scheint, dass ein Werk seiner Zeit voraus ist, so nur deshalb, weil seine Zeit hinter ihm zurück ist.

Jean Cocteau

> DER ZEITGEIST KRISTALLISIERT SICH IN VERSCHIEDENEN MENSCHEN AN SEHR UNTERSCHIEDLICHEN ORTEN DER WELT.
> DER ZEIT NIE V O R A U S UND NIE H I N T E R H E R !
> OB DAS „ PLÖTZLICH NEUE " BESTAND IN DER ZEIT HAT, ERWEIST SICH ERST IN DER ZUKUNFT.

Allzu hohe Eigenschaften machen oft einen Mann weniger geeignet für die Gesellschaft. Man geht nicht auf den Markt mit Goldbarren, sondern mit Geld und kleiner Münze.

Nicolas Chamfort

> WER GEHT DENN IN DIE POLITIK? DAS GESELL-SCHAFTLICHSTE AMT ! ? !
> WIRKLICH HOHER ANSPRUCH AN SICH ALS AUCH AN ANDERE IST DIE URSACHE GRÖSSTER E I N S A M K E I T.

Die Symbolik verwandelt die Erscheinung in Idee, die Idee in ein Bild, und so, dass die Idee im Bild immer unendlich wirksam und unerreichbar bleibe.

Johann Wolfgang von Goethe

DIE SYMBOLIK ABSTRAHIERT AUF WESENTLICHE INFORMATIONEN. ZERFÄLLT JEDOCH DER KULTURKREIS, WIRD SIE UNVERSTÄNDLICH. WIRKLICHE BILDER ABER BEHALTEN IHREN INFORMATIONSGEHALT.

Mein Traum ist eine Kunst voll Gleichgewicht, Reinheit, Ruhe, ohne beunruhigende, die Aufmerksamkeit beanspruchende Sujets, eine Kunst, die für jeden geistig arbeitenden, wie für den Künstler, ein Linderungsmittel ist, ein geistiges Beruhigungsmittel, das seine Seele milde glättet, ihm eine Beruhigung von den Mühen des Tages und von der Arbeit bedeutet.

Henri Matisse

MICH BEUNRUHIGT SEINE KUNST NICHT. SIE FÜHRT MICH ABER WEG VOM ALLTAGSEINERLEI IN EINEN GEFÜHLSSTROM DER PHANTASIE.

Mit tausend Wurzeln ist die Kunst im Boden der geschichtlichen Gegebenheiten verankert.

Heinrich Wölflin

KUNST SIND DIE BLÜTEN
UND DANACH DIE FRÜCHTE
DES MENSCHLICHEN
LEBENS AUF DER ERDE.

Ave Maria, die Dämmerstunde, ist in Italien eine Stunde der Zärtlichkeit, der Seelenfreuden und der Schwermut: Empfindungen, die durch den Klang jener schönen Glocken noch verstärkt werden. Wonnige Stunden, die einem erst in der Erinnerung bewusst werden.

Stendhal

IN DER ERINNERUNG
WIRKEN DIE AKTIVIERTEN
SINNE POTENZIEREND.
AUGE, OHR, HAUT, NASE,
ZUNGE WERDEN DURCH
DAS GEFÜHL GEADELT.

Genuss – das ist es , was in allem gesucht wird.

Seneca

ABER DAS GENIESSEN MUSS GELERNT SEIN. WER SICH NICHT AM KLEINSTEN ERFREUEN KANN, IST AUCH NICHT FÄHIG, WIRKLICH ZU GENIESSEN. WAS NUTZT DIE SUCHE, WENN ICH NICHT WEISS, DASS ES AN MIR LIEGT.

Denn die Kunst ist ein auf geradezu geheimnisvolle Art gesunder Organismus, der sich stets in der Richtung des Wesentlichen erneuert, ist sie zu erdenschwer geworden, so strebt sie nach Geistigkeit, wird sie im Geistreich zu substanzlos, drängt sie zur erde zurück.

Karl Hofer

KUNST UNTERLIEGT DEN GESETZEN DER ENTWICKLUNG
A U F – R U H E – AB.
DAS MENSCHLICHE LEBEN DURCHLÄUFT DIESE PHASEN, DIE TIERWELT UND PFLANZENWELT.
DA DIE KUNST „ N U R " AB-BILDET DAS SEIENDE – EGAL, OB IDEELL ODER MA-TERIELL – MUSS SIE DIESEN GESETZEN FOLGEN.

Der Maler malt eigentlich mit dem Auge, seine Kunst ist die Kunst; regelmäßig und schön zu sehen.

Novalis

DIE KUNST, DAS GESEHENE IN NEUE MATERIELLE FORM AUS DEM „ INNEREN AUGE " ZU TRANSFORMIEREN ZEICHNET DEN KÜNSTLER – EGAL, OB MALER, BILDHAUER, GRAFIKER, ARCHITEKT.

Wahr ist wohl, dass je mehr einer zur Kunst zugeschnitten ist, desto saurer fällt ihm das Handwerk, alle Kunst ist aber auch zugleich Handwerk, das bitter erlernt werden muss, und gerade mit darin liegt ihr Großes.

Adolph von Menzel

AUCH WAHR IST, DASS JE VIELFÄLTIGER EINER DAS SINNESORGAN FÜR DIE KUNST ENTWICKELN DURFTE, DESTO UNMÖG-LICHER WIRD FÜR IHN DIE VIELFÄLTIGEN GEWERKE ZU ERLERNEN, ABER UM SO KLARER ERKENNT ER TALENTE UND HERVORRA-GENDES HANDWERK IN DEN VERSCHIEDENSTEN KUNST-GATTUNGEN (NEIDVOLL).

Das Alte stürzt, es ändert sich die
Zeit, und neues Leben blüht aus
den Ruinen.

Friedrich von Schiller

SOLANGE DER OMNIPO-
TENZWAHN DES MENSCHEN
NICHT N E U E S L E B E N
AUF ZU LANGE ZEIT
VERHINDERT HAT.

Die Kunst an und für sich ist
edel.

Johann Wolfgang von Goethe

EDEL IST DER MENSCH, DER
KREATIV UND EFFIZIENT
ETWAS SCHÖNES
ERSCHAFFT.

Nichts ist dem Menschen so
unentbehrlich wie der Tanz.

Joan Baptiste Poquelin Moliere

DER RHYTHMUS DES
HERZENS DRINGT IM TANZ
IN DIE AUSSENWELT DES
MENSCHEN UND IST DAMIT
SICHTBARER AUSDRUCK
DES LEBENS.

Aller Weisheit Anfang ist
Achtung vor der Weisheit.

Alexander Iwanowitsch Herzen

ZU SPÄT!
ANFANG IST DIE ACHTUNG
VOR DEM LEBEN.
DENN WEISE IST ES,
LERNFÄHIGKEIT UND
LERNWILLIGKEIT IN IHRER
BEDINGUNG ZU ERFASSEN
UM WISSEN ZU SAMMELN.

Jede Kunst hat eine eigene Sprache, das heißt die nur ihr eigenen Mittel. So ist jede Kunst etwas in sich Geschlossenes. Jede Kunst ist ein eigenes Leben. Sie ist ein Reich für sich.

Wassily Kandiski

KUNST WIRD ABER ERST DURCH DAS OFFENE PRINZIP DER REZEPTIONS-MÖGLICHKEIT DURCH DAS EINTAUCHEN IN DAS „ SCHEINBAR " GESCHLOSSENE SYSTEM VON AUSSEN BEGEHRENSWERT.

Die Liebe ist die Jagd, bei welcher der Jäger vom Wild verfolgt wird.

Alohonse Karr

WER JAGD AUF DIE LIEBE MACHT, WIRD SIE NIE FINDEN. DIE LIEBE IST WIE DAS ANDOGGEN UNTERSCHIED-LICHER MAGNETPOLE: WIDER WILLEN ZUG-MASCHINENANTRIEB UND HÄNGERKUPPLUNG. IN JEDER DER ANGEDOGGTEN PERSONEN SIND VORAUS-SETZUNGEN FÜR WIRKLICH DAUERHAFTE LIEBE.

A la mode-Kleider, a la
mode-Sinnen, wie sich's wandelt
außen, wandelt's sich auch innen.

Friedrich Freiherr von Logau

    WER DIE KRAFT HAT, SICH
    ZU B E K L E I D E N IST
    IMMER IN S E I N E R ZEIT.
    WER ES NÖTIG HAT, SICH ZU
    K L E I D E N WANDELT
    SICH AUCH INNEN.

Wenn einer ein kostbares
Schwert oder ein gutes Pferd
hätte und würde unermüdlich
damit spielen und es unersättlich
betrachten, so bleiben kostbare
Taten und der gute Weg dennoch
ungetan und unbegangen, man
kann sie zu nichts Weiterem
gebrauchen.

LÜ BU WE

    DER STOLZ AUF ERREICHTE
    ZIELE MUSS DER M O T O R
    FÜR SINNVOLES NEUES
    T U N WERDEN.

Bis auf den letzten Augenblick
spielen wir Komödie mit uns
selber.

Heinrich Heine

SPIEL BEDARF DES
ATTRIBUTS
F R E I W I L L I G.
SELTENE AUGENBLICKE IM
LEBEN SIND DAVON
GEPRÄGT. DESHALB WÄR'
FÜR MICH DAS
E I N G E B U N D E N S E I N
IN DAS LEBENSDRAMA BES-
SER.

Der Wunder höchstes ist, dass
uns die wahren, echten Wunder
so alltäglich werden.

Gotthold Ephraim Lessing

WEIL WIR SIE NICHT
BEGREIFEN, UNS DEMUT
UND BESCHEIDENHEIT
FEHLT UND DAS „GOTT
SCHUF UNS NACH SEINEM
EBENBILDE" SOWIE
„MACHT EUCH DIE ERDE
UTERTAN" MIT
O M N I P O T E N Z W A H N
ERFÜLLT HAT.

Die unterhaltendste Fläche auf der Erde für uns ist die vom menschlichen Gesicht.

Georg Christoph Lichtenberg

EINE HOCHUNTERHALT-SAME FLÄCHE AUF DER ERDE KANN DAS MENSCHLICHE GESICHT SEIN. (DAS STREICHELN VON EINEM GELIEBTEN MENSCHEN KANN EINE UNTERHALTSAMERE FLÄCHE FÜR DEN MENSCHEN SEIN, ALS EINE BOSHAFTE FRATZE).

Jede wahre Kunst ist geistig, welchen Gegenstand sie auch darstellen mag.

Piet Mondrian

KUNST IST IMMER MATERIELL. GEISTIG IST NUR DIE REZEPTION (SCHEINBAR, DENN AUCH DIE IST AN SINNESORGANE GEBUNDEN).

Selbst ein Drache nimmt nur den
Weg, den er kennt.

Chinesische Weisheit

WEIL ER NICHT ÜBER DIE
MENSCHLICHE NEUGIER
UND PHANTASIE VERFÜGT.

Kunst war und ist in ihrem
Wesen jederzeit die kühnste Ent-
fernung von der Natur und der
„Natürlichkeit" ; DIE Brücke ins
Geisterreich, die Nekromantik
der Menschheit.

Franz Marc

KUNST WIRD ALS
ENTSTANDENES DURCH
MENSCHEN, ALS
ERSTARRTES GEISTIGES,
ALS GESCHMIEDETES
GEFÜHL ZUM GEGEBENEN,
A L S O NATUR FÜR DIE
„NACHGEBORENEN" .
HANDLUNG, IDEE UND
GEFÜHL SUCHEN SICH
UNMENSCHLICHE FORM.
SIE E N T S C H W I N D E N
DEM L E B E N S P R I N Z I P .

Der Sommer macht den
Menschen zum Träumer.

Paul Keller

                    AUCH ALLE ANDEREN
                    JAHRESZEITEN – JE NACH
                    VORLIEBEN UND WESEN-
                    HEIT DER TRÄUMENDEN.

Trinkt, o Augen, was die Wimper
hält, von dem goldenen Überfluss
der Welt.

Gottfried Keller

                    DIESE FÜLLE TRÖSTET UNS
                    IN DUNKLER ZEIT, WENN
                    ERINNERUNG DIE SEELE
                    FÜHRT ZUR HELLIGKEIT.

Das Leben ist ein Paradies, und alle sind wir im Paradiese, wir wollen es nur nicht wahrhaben; wenn wir es aber wahrhaben wollen, so würden wir morgen im Paradies sein.

Fjodor Michailowitch Dostojewski

DIE WELT KÖNNTE EIN PARADIES SEIN, WENN WIR NICHT DRAUF LEBEN WÜRDEN. ES GÄBE UNWETTER, VULKANE, STURMFLUTEN, EISZEITEN, ABER DAS WERDEN UND VERGEHEN WIRD DURCH NICHTS GESTÖRT UND DAS IST DAS PARADIES.

In manchem Gesicht steht mehr geschrieben als in einem dicken Buch .In manchem Gesicht steht eine ganze Bibliothek auf einer einzigen Seite. In manchem Gesicht steht nichts geschrieben: Es ist zu glatt.

Petrus Ceelen

IN EINEM SPIEGEL KANN NUR DAS SICHTBAR SEIN, WAS GESPIEGELT WERDEN KANN.

Ich finde nicht die Spur von einem Geist, und alles ist Dressur.

Johann Wolfgang von Goethe

HEUTE (KNAPP 200 JAHRE SPÄTER):
RECHNER KANN MAN NICHT DRESSIEREN. DRESSUR SETZT KOMMUNIKATION VORAUS. DIESE KANN NUR ZWISCHEN GEISTERN STATTFINDEN.

Da der Mensch von Natur aus Vernunft besitzt, ist die Kunst kein Gegensatz von Natur, sondern Vollendung der Natur.

Ovid

VERNUNFT IST EIN ERGEBNIS MÜHSAMER SOZIALISATION UND BILDUNG.
KUNST IST EINE HOHE AUSPRÄGUNGSSTUFE DIESER PROZESSE.
NATUR AN SICH IST VOLLKOMMEN UND BEDARF NICHT DER KUNST.

Jeder Jäger wird mal ein Hase.

Wilhelm Busch

KUNST ZU ÜBERLEBEN
VERLANGT, BEIDE SEITEN
ZU KENNEN.

Die Schönheit ist gefällig, ob sie
gleich ein Geschenk des Himmels
und kein erworbener Wert ist.

Johann Wolfgang von Goethe

ERFAHRUNG LEHRT DIE
SKEPSIS.
MANCHE VOM HIMMEL
GEGEBENE SCHÖNHEIT
WANDELT SICH IN ZU
MEIDENDES.
UNGEFÄLLIGES VERBLASST
DURCH ERWORBENE
SCHÖHEIT DES WESENS.

Nicht was der Mensch soll, was und wie er es vermag, zeige die Kunst.

Friedrich Hebbel

DAS SPIEGELN DES I S T` S IMPLIZIERT FÜR MICH DEN „KUNSTAUFTRAG", DEM PERSÖNLICHEN SOLLEN UND VERMÖGEN NACHZUSPÜREN.

Erst durch die Lektüre lernt man, wie viel man ungelesen lassen kann.

Wilhelm Raabe

DER SATZ IST SO ÜBERFLÜSSIG WIE DAS WORT „ H Ä T T E " ! LEKTÜRE IST DAS GELÄNDER AUF EINEM BILDUNGSPFAD.

Vom Tiere und von Pflanzen
müssen wir lernen, was Blühen
ist.

Friedrich Nietzsche

DIE BLUME KANN NUR
EINMAL BLÜHEN, DIE TIERE
BALZEN ZUR PAARUNGS-
ZEIT ALSO ÖFTER.
DER MENSCH ERBLÜHT
NICHT NUR IN DER LIEBE
ZUM PAARUNGSPARTNER.
ER BLÜHT, WENN SEIN
GANZES WESEN VON EINER
SACHE, „EINEM
GEDANKEN", EINEM ZIEL
ERFÜLLT IST.

Im Lauf der Welt ist das Gemeine
des Erhabenen Schatten.

Paul Heyse

IN DER NATUR GIBT ES
NICHTS ERHABENES UND
GEMEINES, WENN MIT „DAS
GEMEINE" DIE VIELZAHL
GEMEINT IST. SO IST DER
SCHATTENSCHUTZ DURCH
EINE „ ERHABENE" PERSON
(ODER SACHE ODER
GEGENSTAND ODER
MONUMENT) INFOLGE DES
UMLAUFS DER SONNE
GRÖSSER. (MANCHE PERSON
BILDET SICH ABER DIE
ERHABENHEIT NUR EIN UND
IST DESHALB G E F A H R !)

Der kluge Kaufmann verbirgt
seine Schätze, als wäre er arm.
Der Edle verbirgt seine Weisheit,
als wüsste er nichts.

Li Gi

WER SEINE WEISHEIT VER-
BIRGT, IST N I C H T EDEL.
WISSEN ERÖFFNET FREIHEIT
UND SIE IST DAS HÖCHSTE
GUT DER MENSCHEN.

Die Gesetze der Kunst sind ewig
und unveränderlich, wie das
moralische Gesetz in uns.

Max Beckmann

DIE GESETZE DER NATUR
SIND VON DER NATUR
GEPRÄGT.
KUNST AHMT NUR NACH.
DIES MORALISCHE GESETZ
IN UNS MUSS SEINER ART-
ERHALTUNGSINSTINKT-
UNIFORM ENTKLEIDET
WERDEN.

Ich habe nie eine Gesellschaft
gefunden, die so gesellig war wie
die Einsamkeit.

Henry David Thoreau

ABER ERST WENN DU BEI
DIR ZU HAUSE BIST.

Wandelt mit den Füssen auf der
Erde, mit den Herzen aber seid
im Himmel.

Don Bosco

DAS HERZ MUSS AUF DER
ERDE SEIN; DANN TRAGEN
DICH DIE FÜSSE IN DEN
HIMMEL.

Alles Große steht im Sturm.

Platon
                          NICHTS SCHÜTZT DEN ÜBERRAGENDEN GIPFEL. DOCH STEHT ER AUF SOLIDEM FUNDAMENT, WIRD ER DEN UNTERSCHIEDLICHSTEN ANGRIFFEN WIDERSTEHEN.

Höflichkeit ist eine Münze, die nur den bereichert, der sie ausgibt.

CHLETAS
                          DER SIE EMPFÄNGT, MUSS DEREN WERT UM DIE VERSCHLEIERUNGSABSICHT VERRINGERN.

Kunst ist, was Welt wird, nicht was Welt ist.

Karl Kraus

KUNST VERÄNDERT,
GESTALTET, BEREICHERT
UND WIRD SO ZUR NEUEN
U M W E L T   UND IST
DAMIT WIEDER W E L T.

Die Früchte vom Baume der Erkenntnis sind es immer wert, dass man um ihretwillen das Paradies verliert! Also nur immer fortgefahren und mit äußerster Konsequenz in die letzte Pforte der Erkenntnis vorgedrungen.

Ernst Haeckel

DER UNWISSENDE, DER IM
PARADIES EWIG LEBT,
MÖCHTE ICH NICHT SEIN,
A B E R
UM JEDEN PREIS DIE LETZTE
PFORTE DER ERKENNTNIS
ZU ÖFFNEN, ERSCHEINT MIR
AUCH NICHT
ERSTREBENSWERT.

Hab Ehrfurcht vor dem Baum, er ist ein einziges großes Wunder, und euren Vorfahren war er heilig. Die Feindschaft gegen den Baum ist ein Zeichen von Minderwertigkeit eines Volkes und von niederer Gesinnung des Einzelnen.

Alexander von Humboldt

EHRFURCHT VOR DER NATUR OKAY! FALSCHE BILDUNG VERFÜHRT ZU SOLCHEN DUMMEN STATEMENTS WIE „MINDERWERTIGKEIT EINES VOLKES". MÖGLICH WÄR': NICHT ZEITGEMÄSS KULTIVIERT, NICHT ZEIT-GEMÄSS SOZIALISIERT. DER WERT EINES MENSCHEN IST AN SEINEM MORALISCHEN HANDELN ZU MESSEN. EIN VOLK IST DIE ANSAMMLUNG EINZELNER.

Die wahre Vermittlerin ist die Kunst. Über Kunst sprechen heißt, die Vermittlerin vermitteln wollen, und doch ist uns daher viel Köstliches erfolgt.

Johann Wolfgang von Goethe

DABEI WIRD DEUTLICH, DASS FRÜH ENTWICKELTE SINNESORGANE NOTWENDIG SIND (KULTURELLE SINNE – ENTWICKLUNG – NICHT NUR BIOLOGISCH) RIESENGROSS IST DER GRABEN ZWISCHEN DENEN DER BEREICHERUNG FÄ H I G E N UND DEN ANDEREN, DIE ALLE KUNST ALS B A L L A S T ABTUN.

In der Stille spürt man den Atem Gottes.

Unbekannt

DOCH ERST, WENN DAS INNERE SCHREIEN VERKLUNGEN IST.

Ich arbeite ausschließlich mit
Disharmonien. Wenn ich einen
roten Punkt links mache, dann
mache ich den roten Punkt rechts
nicht, sondern einen grünen. Und
wenn ich oben links ein Dreieck
male, mache ich garantiert rechts
unten keins. Ich ordne eigentlich
alles, was ich tue nach dem
Prinzip der Disharmonie, nach
der Unausgewogenheit, nach dem
der Zerstörung.

Georg Baselitz

MINUS MAL MINUS ERGIBT
PLUS. DISHARMONIE UND
DISHARMONIE KÖNNEN
TROTZ DES PLUS HARMONIE
SEIN .
MAN BLEIBT IN   E I N E R
KLANG–SEH–FÜHL–ART.

Es ist herrlich im wilden Sturm
auf einem Schiff zu sein, von
dem man weiß, dass es im Hafen
ankommt.

Blaise Pascal

NUR DER UNWISSENDE
ARGLOSE KANN WIRKLICH
GENIESSEN, DENN KEIN ZU-
KÜNFTIGER MOMENT WIRD
VORAUS G E W U S S T WIE
ER VERLÄUFT –
NUR ERWÜNSCHT UND
ERHOFFT.

Kunst will das, was noch nicht
war, aber alles, was sie ist, war
schon.

Theodor W. Adorno

DA KUNST SICH IN DER
PHANTASIE DES KÜNSTLERS
„KRISTALLISIERT" VOR
ODER WÄHREND DES
SCHAFFENS, WAR SIE
IDEELL, BEVOR SIE IN DIE
ÄUSSERLICH SICHTBARE
MATERIELLE WELT EIN-
TRAT. DESHALB KANN SIE
SEHR WOHL SEIN, WAS SIE
NOCH NICHT WAR.

Die zarte schöne Welt schön
anzuschaun, zart empfinden ist
das Glück, und Glück im Herzen
schützt vor allem Unglück.

Leopold Schäfer

GLÜCK IM HERZEN LENKT
FÜR MOMENTE AB VOM
UNGLÜCK.
NUR DAS SKRIPT – ODER
NENNE ES HERRGOTT –
KANN UNGLÜCK VON DIR
FERNHALTEN.

Denn es ist uns aus der Natur eingegossen, dass wir gern alle Dinge wessten, dadurch zu erkennen ein Wahrheit aller Dinge.

Speis der Malerknaben, Salus 1513

DIE NEUGIER IST UNS MITGEGEBEN; DOCH JE MEHR WIR WISSEN, UM SO MEHR WIRD UNS DIE R E L A T I V I T Ä T DES BEGRIFFES WAHRHEIT BEWUSST.

In Zukunft wird jeder für fünfzehn Minuten weltberühmt sein.

Andy Warhol

IN DER GEGENWART KANN JEDER DURCH LAUSCH-TECHNIK WELTBERÜHMT GEMACHT WERDEN.

Die Heiterkeit allein ist gleichsam die bare Münze des Glückes und nicht wie alles andere, bloß der Bankzettel; weil nur sie unmittelbar in der Gegenwart glückt.

Arthur Schopenhauer

MAN VERWENDET SIE ABER AUCH ALS FALSCHGELD IM TIEFEN UNGLÜCK.

Essen ist ein Bedürfnis des Magens, Trinken ein Bedürfnis der Seele, Essen ist ein gewöhnliches Handwerk, Trinken eine Kunst.

Claude Tiller

UM LANGE AM LEBEN ZU BLEIBEN, SOLLTEN WIR DIE KUNST DES MASSHALTENS AN SICH PFLEGEN UND UNS DEN VERFÜHRUNGS-MECHANISMEN GEWINN-SÜCHTIGER INDUSTRIEN WIDERSETZEN – SOWOHL BEIM ESSEN ALS AUCH BEIM TRINKEN.

Schön ist, Mutter Natur, deiner
Erfindung Pracht auf die Fluren
verstreut, schöner ist ein froh
Gesicht, das den großen
Gedanken deiner Schöpfung noch
einmal denkt.

Friedrich Gottlieb Klopstock

                      AM SCHÖNSTEN IST DIE
                      D E M U T   VOR DER NATUR
                      IN JEDEM GESICHT.

Brotloseste der Künste, Poesie!

Heinrich Heine

                      POESIE WILL VERSTANDEN
                      WERDEN UND ENTSTEHT
                      NICHT IM FREMDAUFTRAG –
                      DAS INNERE GEFÜHL
                      QUILLT IN DIE
                      AUSSENWELT.

Offenheit und schlichtes Wesen
ziemen sich für den sittlich
hochstehenden Menschen.

Lucius Annaeus Seneca

JEDEM MENSCHEN ZIEMT
ES, EHRLICH UND
FRIEDFERTIG ZU SEIN.

Wer schweigen kann und warten,
dem wachsen die Rosen im
Garten.

Alfred Huggenberger

ODER AUCH NICHT UND NIE
MEHR.

Die kommende Kunst wird die
Formwerdung unserer wissen-
schaftlichen Überzeugung sein.

Franz Marc

WAS UNS HEUTE MIKROS-
KOPAUFNAHMEN FÜR
SCHÖNHEITEN IN DER
NATUR ERLEBBAR WERDEN
LASSEN, KONNTE SICH
WIRKLICH KEIN KÜNSTLER
ERDENKEN. SO WIRD
DURCH WISSENSCHAFT-
LICHE ERKENNTNISSE DIE
PHANTASIE UNENDLICH
BEREICHERT.

Tanz ist die Poesie des Fußes.

John Dryen

... WENN SIE DEN KÖRPER
BIS IN DEN LETZTEN
ZENTIMETER ERFASST.

Das beste was der Künstler gibt,
ist Abglanz dessen, was er liebt.

Ernst Eckstein

EIN AUFTRAGSPORTRÄT VERLANGT IN SEINER AUSFÜHRUNG NICHT, DASS DER KÜNSTLER DEN DARGESTELLTEN LIEBT. ES ZEUGT JEDOCH VOM HOHEN ANSPRUCH AN SICH SELBST SEIN KÖNNEN UNTER BEWEIS ZU STELLEN ALSO SICH SELBST ZU LIEBEN.

Es gibt eine schöne Offenheit, die sich öffnet wie eine Blume: nur um zu duften.

Friedrich Schlegel

SO WIE DER DUFT DER BLUMEN IM GROSSEN ZUSAMMENHANG DER NATUR NICHT NUR DUFTET UM ZU DUFTEN, BEZWECKT AUCH DIE OFFENHEIT DES MENSCHEN EINEN GEWINN.
N I C H T S   IST UM SEINER S E L B S T   WILLEN.

Kunst ist Kunst, sie ist wie lauteres Gold, rein von allen fremdartigen Beimischungen, und sie muss errungen werden durch emsiges Streben.

Anselm Feuerbach

> KUNST IST IN DER GEGENWART NICHT LAUTERES GOLD. ERST DIE ZEIT MUSS ALLE VERUNREINIGUNGEN HERAUSWASCHEN UND DANN BLEIBT IN FERNER ZUKUNFT NUR NOCH DIE EDLE KUNST ERHALTEN.

Kunst ist tatsächlich die Welt noch einmal, dieser so gleich wie ungleich.

Theodor W. Adorno

> KUNST IST NICHT DIE WELT NOCH EINMAL, DENN SIE LEBT NICHT UND HAT DENNOCH DIE FUNKTION SCHÖNES MITEINANDER ZU TEILEN.

Die schlechtesten Früchte sind es
nicht, woran die Wespen nagen.

Gottfried August Bürger

WESPEN NAGEN AN ALLEM,
WAS IHNEN NÜTZLICH IST.
OB GUTE ODER SCHLECHTE
FRÜCHTE, DER MENSCH
VERFÜGT ÜBER VIELE
MÖGLICHKEITEN SICH ZU
TRÖSTEN.

Kunst ist die rechte Hand der
Natur. Diese hat nur Geschöpfe,
jene hat Menschen gemacht.

Friedrich von Schiller

EIN A T H E I S T MUSS
DER NATUR BEIDE HÄNDE
FÜR GESCHÖPFE
ZUSPRECHEN.
EIN D E I S T BEDANKT SICH
MIT DER KUNST, INDEM ER
SICH MIT SCHÖPFUNG
VERSUCHT.

Ohne Gelegenheit ist die Hand des Starken in Fessel; nützet dem Löwen die Kraft, dem man die Klaue geraubt.

Johann Gottfried Herder

DAS SIND EBEN DIE FLÜGEL DES GEISTES, DEN MAN NIEMALS FESSELN KANN. NUR DURCH BILDUNGS-HINDERUNG KANN MAN DIE FLUGHÖHE VERRINGERN, NIEMALS ABER UNMÖGLICH MACHEN.

Die Farbe hat mich. Ich brauche nicht nach ihr zu haschen. Sie hat mich für immer. Das ist der glücklichen Stunde Sinn:
Ich und die Farbe sind eins.
Ich bin Maler.

Paul Klee

NUR BERUFUNG ERZEUGT SOLCH EIN ERLEBEN – UNABHÄNGIG VOM METIER. LEIDER IST DER „BERUF" HEUTE NUR NOCH IN AUSNAHMEFÄLLEN DAS TEILWORT DER BERUFUNG.

Kunst ist Schein dessen, woran
der Tod nicht heranreicht.

Theodor W. Adorno

DIE SEELISCHE UND GEISTIGE WIRKUNG DER KUNST IST ABER AUCH IMMER AN LEBENDIGES GEBUNDEN, NUR HAT DER TOD KEINE MACHT ÜBER DIE WIRKUNG AUF NEUES LEBEN.

Lachen, Weinen, Lust und
Schmerz sind Geschwisterkinder.

Johann Wolfgang von Goethe

… FALLS DIE „ ELTERN " DEN GESCHWISTERN ENTWICKLUNGSRÄUME ERÖFFNET HABEN. ES SIND SEHR VIELE „EINZEL-KINDER" UNTERWEGS, DENEN DIE MUNDWINKEL PERMANENT NACH UNTEN HÄNGEN.

Je jünger, einfacher und frommer
die Völker, desto mehr Tierliebe.

Jean Paul

TIERLIEBE IST EINE
ACHTUNGSFORM VOR DEM
LEBEN UND DAMIT AUCH
VOR EINER LEBEN
SCHAFFENDEN INSTANZ.
JE MEHR DER EINZELNE
ODER EIN VOLK SICH
ALLMÄCHTIG MEINT,
JE WENIGER ACHTEN UND
LIEBEN SIE DAS LEBEN.

Wenn die Seele etwas erfahren
möchte, dann wirft sie ein Bild
der Erfahrung vor sich nach
außen und tritt in ihr eigenes Bild
ein.

Meister Eckhardt

… SIE ÜBERLÄSST IHR NACH
AUSSEN GEWORFENES BILD
DER EINWIRKUNG DURCH
DIE REALITÄT UND NIMMT
ES NACH DER
„ÜBERPRÜFUNG"
WIEDER IN IHR INNERES
AUF. DAS IST DIE
„ N E U E " ERFAHRUNG.

Die Schönheit liegt nicht im
Antlitz. Die Schönheit ist ein
Licht im Herzen.

Khali Gibran

DAS LICHT IM HERZEN DARF
ABER AUCH FÜR ANDERE
ALS LÄCHELN DES
GESICHTS SICHTBAR
WERDEN; WAS J E D E S
ANTLITZ SCHÖNER WERDEN
LÄSST.

Ich will einfache, ganz einfache
Kunst machen, um mich selbst in
die jungfräuliche Natur zu
versenken, um Niemanden als die
Wilden zu sehen, ihr Leben zu
leben, mit keinem anderen
Gedanken als dem, die Gedanken
in meinem Kopf wiederzugeben,
so wie es ein Kind tun würde.

Paul Gauguin

EIN EUROPÄER DES
19. JAHRHUNDERTS KANN
ZWAR IN EINE ANDERE
NATUR FLIEHEN, NUR KANN
ER SEINE EIGENBIOGRAPHIE
NICHT RADIEREN UND DIE
WELT AUCH NIE SO SEHEN
WIE EIN UREINGEBORENER,
DEN NUR EIN S N O B ALS
„ W I L D E N " BEZEICHNET.

Die antike Kunst war Ägyptens
Tyrannin, Griechenlands Herrin,
Roms Dienerin.

Johann Heinrich Füssli

… UND SOLLTE
PARTNERIN DER WELT IN
DER GEGENWART SEIN.

Die Kunst? Was ich ohne sie
wäre? Ich weiß es nicht. Doch
mir graut - seh' ich doch, was
ohne sie Hundert' und Tausende
sind!

Ludwig van Beethoven

B A R B A R E N !!!

Natürlich ist Korrektheit eine
schöne Sache, aber sie ist nicht
das Wesen der Kunst.

Max Liebermann

> KUNST IST DIE BRÜCKE
> ZWISCHEN ERSTARRTER
> WIRKLICHKEIT UND
> LEBENDIGEM GEFÜHL.
> OFT MUSS DIE ÖFFNUNG
> DER HARTEN KONTUR DEN
> EMOTIONSSTROM
> BEFLÜGELN.

Sogar sagt das Gesicht eines
Menschen in der Regel mehr und
Interessanteres als ein Mund:
Denn es ist alles dessen, was
dieser je sagen wird; indem er das
Monogramm alles Denkens und
Trachten dieses Menschen ist.

Artur Schopenhauer

> KOMPENDIUM DESSEN, WAS
> DIESER JE GESAGT H A T
> UND EIN MONOGRAMM IST
> ES EIGENTLICH NUR FÜR
> DEN AUGENBLICK, DENN
> DAS LEBEN SELBST
> VERÄNDERT ES STUNDE UM
> STUNDE.

Ein gutes Kunstwerk kann und wird zwar moralische Folgen haben, aber moralische Zwecke vom Künstler fordern, heißt ihm sein Handwerk verderben.

Johann Wolfgang von Goethe

MANCHEM KÜNSTLER WIRD SEIN HANDWERK EBEN SEHR BEDEUTUNGSVOLL, WENN ER EINEN MORALISCHEN ZWECK VON SICH SELBST FORDERT.

Kunst dient der Erkenntnis, nicht der Unterhaltung, der Verklärung oder dem Spiel! Das Suchen nach dem eigenen Selbst ist der ewige, nie zu übersehende Weg, den wir gehen müssen. Es gibt natürlich auch hierfür andere Wege: Literatur, Philosophie oder Musik. Meine Ausdrucksform ist nun einmal aber die Malerei.

Max Beckmann

KUNST D I E N T DER UNTERHALTUNG, DER VERKLÄRUNG, DEM SPIEL. DIE ERKENNTNIS – DEM WEG AUS DER GEISTIGEN ODER EMOTIONALEN EBENE IN DIE STOFFLICHE WELT VORAUSGEGANGEN ZU SEIN.

Wahre Kunst bleibt
unvergänglich, und der wahre
Künstler hat inniges Vergnügen
an großen Geistesprodukten.

Ludwig van Beethoven

DIE UNVERGÄNGLICHKEIT
WAHRER KUNST IST IM
ZEITUNABHÄNGIGEN –
GEISTIGEN UND
EMOTIONALEN GEHALT
BEGRÜNDET.
DAS VERURSACHT AUCH
DIE EINSAMKEIT DES
WAHREN KÜNSTLERS IN
SEINER ZEITBEFANGENEN
UMWELT.

Der wahre Künstler stellt sich die
Frage gar nicht, ob sein Werk
verstanden werden wird oder
nicht.

Adalbert Stifter

ES IST S E I N E
W I R K L I C H K E I T.

Kinder lieben anfangs die Eltern. Wenn sie älter sind, beurteilen sie bisweilen verzeihen sie.

Oscar Wilde

KINDER SIND ANFANGS AUF DIE ELTERN ANGEWIESEN (BRAUCHEN SIE). SPÄTER NUTZEN SIE DIE ELTERN AUS (SCHMAROTZEN). MANCHMAL SIND SIE MIT WACHSENDER REIFE DANKBAR.

Trübsinn und Feierlichkeit sind auch in der fachgerechten Untersuchung einer Kunst fehl am Platze, die ursprünglich bestimmt war, dem Herzen des Menschen Freude bringen.

Ezra Pound

KUNST WILL IMMER TEILHABE ERMÖGLICHEN AN DEM, WAS DER KÜNSTLER IN SEINEM GEFÜHLSLEBEN BEDEUTSAM ERLEBT. FACHGERECHTE UNTERSUCHUNG KANN NUR DAS HANDWERK BETREFFEN.

Aus Betenden müssen wir
Segnende werden.

Friedrich Nietzsche

AUS BITTENDEN MÜSSEN
WIR GEBENDE WERDEN.

Anstaunen ist auch eine Kunst.
Es gehört etwas dazu, Großes als
groß zu begreifen.

Theodor Fontane

ANSTAUNEN IST KEINE
K U N S T , SONDERN DAS
ERGEBNIS VON BILDUNG
UND WISSEN UM DIE KUNST,
DER ERFINDUNG, DER IDEEN
UND GESTALTUNG.

Kunst ist kein Abbild der realen Welt. Eine ist, bei Gott, mehr als genug.

Virginia Woolf

KUNST IST DER VERSUCH,
DER UNIVERSELLEN
UNERGRÜNDLICHEN WELT
NÄHER ZU KOMMEN.

Man säe nur, man erntet mit der Zeit.

Johann Wolfgang von Goethe

MANCHEM IST ES NICHT
VERGÖNNT,
NOCH IN SEINER IHM
VERBLEIBENDEN ZEIT
ZU ERNTEN.

Gott ist nahe, wo die Menschen
einander Liebe zeigen.

Johann Heinrich Pestalozzi

UNSERE WELTERKLÄRUNG
SCHREIBT GOTT DAS GUTE,
DIE LIEBE, DIE ERLÖSUNG
ZU.
DEM HÖLLENFÜRST DAS
BÖSE, DEN HASS UND DIE
VERDAMMNIS.
WAS UNSER HANDELN
BESTIMMT, WIRD AUCH
VOM SCHICKSAL GELENKT.
MANCHER IST DER LIEBE
NICHT FÄHIG, WEIL ER SIE
NIE ERFAHREN.

Ich bin ein Mensch, nichts acht'
ich mir fremd, was menschlich
ist.

Menandros

DAS KANN EIN LOBENS-
WERTER WUNSCH SEIN,
DOCH IST DAS ERLEBEN
EINES EINZELNEN NUR EIN
SANDKORN IM UNIVERSUM
DER MENSCHLICHEN VER-
HALTENSMÖGLICHKEITEN.

Die Kunst an und für sich selbst ist edel; deshalb fürchtet sich der KÜNSTLER NICHT VOR DEM Gemeinen: Ja, indem er es aufnimmt, ist es schon geadelt, und so sehen wir die größten Künstler mit Kühnheit ihr Majestätsrecht ausüben.

Johann Wolfgang von Goethe

DER WAHRE KÜNSTLER FLIEHT DAS GEMEINE, DENN DIE FURCHT, SEIN IN EINER PROFANEN UMWELT MÜHSAM ERRUNGENES WELTBILD DURCH VERSTÄNDNISLOSES BANAUSENTUM ZERSTÖREN ZU LASSEN, TREIBT IHN IN DIE ELITÄRE EINSAMKEIT.

Ein Portrait, welches nicht die Charakteristik hervorlockt, ist wie ein Mensch ohne Geheimnisse.

Andreas Otto

IM PORTRAIT SOLLTE SICH DAS TEMPERAMENT UND DIE GEISTIGE BEWEGLICH-KEIT VOR ALLEM DIE EMOTIONALE GRUNDSTIMMUNG NEBEN PHYSIOLOGISCHEN GEGEBENHEITEN SPIEGELN.

Da der Mensch von Natur aus
Vernunft besitzt, ist die Kunst
kein Gegensatz von Natur,
sondern Vollendung der Natur.

Ovid

NATUR IST VOLLENDUNG.
DIE KUNST IST EINE
SPIELART BESONDERER
MENSCHLICHER
AUSDRUCKSFORM.

Er schüttet den Brunnen zu,
nachdem das Kalb ertrunken ist.

Niederländisches Sprichwort

NICHT L E I C H T S I N N,
SONDERN UNVERMÖGEN
ZUR UMFASSENDEN
UMSICHT IST DIE URSACHE
GROSSEN SCHADENS.

Einfachheit ist das Resultat der Reife.

Friedrich von Schiller

EINFACHHEIT IST DER ANFANG UND DAS ENDE GEISTIGER ENTWICKLUNG. ZUERST VERHINDERT DAS KOMPLIZIERTE DAS ERLERNEN UND SPÄTER WIRD DIE ZEIT WICHTIGER ALS DAS BEIWERK.

Jede Minute, Mensch, sei dir ein volles Leben, verachte die Angst und den Wunsch, die Zukunft und die Vergangenheit. Wenn der Sekundenweiser dir kein Wegweiser in ein Eden deiner Seele wird, so wird's der Monatsweiser noch minder, denn du lebst nicht von Monat zu Monat, sondern von Sekunde zu Sekunde.

Jean Paul

JEDE MINUTE EIN LEBEN – JA!
DOCH IST DIE FÜLLE SO ÜBERGROSS, DASS SIE MANCHMAL DIE VERGANGENHEIT ADELT ODER DIE ZUKUNFT ERHOFFT.
NUR DIE FÄHIGKEIT, DEN FLUSS DER ZEIT ZUZULASSEN, ERHEBT DIE SEKUNDE ZUM G R A D M E S S E R.

Freude an der Arbeit lässt das
Werk trefflich geraten.

Aristoteles

FREUDE KANN NUR
KÖNNEN VEREDELN.

Die Kunst ist stets weit
abstrakter, als wir glauben. Form
und Farbe erzählen von Form und
Farbe – sonst nichts. Oft scheint
mir, daß die Kunst den Künstler
weit mehr verbirgt als offenbart.

Oscar Wilde

DIE KUNST SOLLTE JA
NICHT DEN KÜNSTLER
ENTKLEIDEN, SONDERN
SEINE ABSICHT,
VORSTELLUNGEN FÜR
ANDERE SICHTBAR WERDEN
ZU LASSEN.

Ziel der Kunst ist, einfach eine Stimmung zu erzeugen.

Oscar Wilde

KUNST IST, WENN ES GELINGT, FÜR UNTERSCHIEDLICHE REZIPIENTEN ZU UNTER-SCHIEDLICHSTEN ZEITEN EINE ÄHNLICHE STIMMUNG ANZUREGEN (MANCHER KÜNSTLER WILL NICHT ERZEUGEN, SONDERN EINFACH NUR MITTEILEN).

Denn wo das Strenge sich mit dem Zarten, wo Starkes sich und Mildes paarten, da gibt es einen guten Klang.

Friedrich von Schiller

IMMER IST DAS MASS DAS GEHEIMNIS ALLER HARMONIE.

Alles besiegt Amor.

Vergil

A B E R ... UM IMMER ZU SIEGEN, MEIDET ER DIE MEISTEN MOMENTE UND SITUATIONEN AUF ERDEN.

Denn vergessen Sie nicht, dass die Kunst nur ein Weg ist, nicht ein Ziel.

Reiner Maria Rilke

KEIN WEG UND KEIN ZIEL KANN DEN BEGRIFF K U N S T IN ANSPRUCH NEHMEN.
DER WEG KANN ALS LAST ODER QUAL EMPFUNDEN WERDEN,
DAS ZIEL AUS PFLICHT IN UNFREIHEIT ODER IN FREIHEIT AUSGEWÄHLT WORDEN SEIN.

Der gute Geschmack, welcher
sich mehr und mehr durch die
Welt ausbreitet, hat sich
angefangen, zuerst unter dem
griechischen Himmel zu bilden.

Johann Joachim Winckelmann

WIE GROSS DER IRRTUM
DURCH DEN BEGRENZTEN
B L I C K W I N K E L AUF
„GUTEN GESCHMACK"
BEZOGEN IST, WIRD DURCH
DIE ENTSCHLÜSSELUNG
ÄLTERER KULTUREN
SICHTBAR.

Kunst verhält sich zur Schöpfung
gleichnisartig, sie ist jeweils ein
Beispiel, ähnlich wie das Irdische
ein kosmisches Beispiel ist.

Paul Klee

DER SCHÖPFUNG SPRECHE
ICH DEN ASPEKT
ENTWICKLUNG ZU. KUNST
ALS ÜBERDAUERNDE FORM
DES MATERIALISIERTEN
GEFÜHLS DES
„SCHÖPFERS" ENTSPRINGT
DER FIXIERUNG DES
MOMENTS. DAS IRDISCHE
KÖNNTE AUCH GERADE DAS
BEISPIEL FÜR
NICHTKOSMISCHES SEIN.

Musik ist höhere Offenbarung als
alle Weisheit und Philosophie.

Ludwig van Beethoven

WARUM HÖHER?
SIE IST URSPRÜNGLICHER,
WEIL VON ALLEN
KULTUREN EMPFINDBAR.
ICH WÜRDE SAGEN,
TIEFERE, WIRKSAME
GEFÜHLSÜBERTRAGUNG
OHNE SPRACH- UND
BILDUNGSBARRIEREN .

Vom Übermaß der Lust wird
Leid hervorgebracht; das Auge
selber weint, sobald man heftig
lacht.

Friedrich Rückert

WIR TOLERIEREN DIE
MASSLOSIGKEIT VOM
ANGENEHMEN ZUM
UNANGENEHMEN SEHR
LANGE.
WIRD AUS WEINEN LACHEN
ODER AUS LEID LUST,
SPÜREN WIR DAS ZERSTÖ-
RENDE.

Bestehet ja das Leben der Welt im Wechsel des Entfaltens und Verschließens, in Ausflug und Rückkehr zu sich selbst, warum nicht auch das Herz des Menschen.

Johann Christian Friedrich Hölderlin

WENN MIT HERZ DIE LIEBESFÄHIGKEIT (WILLIGKEIT) GEMEINT IST, DANN IST ES ZU SEHR AN DAS LERNEN (ERFAHREN) DURCH „LIEBENSWÜRDIGE" MENSCHEN GEBUNDEN. DIE SEELE EINES EINZELNEN KANN NICHT GEHEN UND WIEDERKOMMEN. SIE KANN STUTZEN, STAUNEN, UM DIE ECKE LUGEN, SPRINGEN, EILEN, ATEMLOS JAGEN … ABER IMMER V O R W Ä R T S , DAS ALTE MIT SICH TRAGEND. SIE ENTFALTET SICH BIS ZUM ENDGÜLTIGEN VOLLGESOGENSEIN.

Das Gesicht zeigt, wie man gelebt hat.

Heide Keller

JEDES FÄLTCHEN IST DIE GEMEISSELTE INSCHRIFT INNERER STÜRME.

Kunst ist nicht die Nutzanwendung eines Schönheitskanons, sondern das, was Instinkt und Gehirn über jeden Kanon hinaus fassen können. Wenn wir eine Frau lieben, kommt es uns nicht in den Sinn, vorher ihre Gliedmaße zu messen.

Pablo Picasso

KUNST IST DAS ÜBER JEDEN KANON HINAUS VERMITTELTE, IN DIE VON ANDEREN REZIPIERBARE AUSSEN-WELT.

Was Hände bauen, können Hände stürzen.

Friedrich von Schiller

DAS GEPLANTE ZUSAMMENSPIEL VIELER HÄNDE KANN WERKE ERSCHAFFEN, DIE NUR DURCH DEN ZAHN DER ZEIT ODER MIT HILFSGERÄTEN WIEDER ZUM EINSTURZ GEBRACHT WERDEN. HÄNDE KÖNNEN AUCH ZERSTÖRENDES BAUEN, WAS WIEDERAUFBAU UNMÖGLICH MACHT (ATOMWAFFEN).

Wer sieht nicht Geister auf den Wolken beim Untergang der Sonne.

Philipp Otto Runge

DEN SONNENUNTERGANG BEOBACHTE ICH SO VOLLER SPANNUNG, DASS KEINE GEISTER SICH DAZWISCHEN SCHLEICHEN. DIE WOLKEN SELBST FASZINIEREN IN IHRER BEWEGUNG, SOLANGE DIE SONNE HINTER IHNEN LEUCHTET.

Mode lebt und Leben modelt.

Joachim Ringelnatz

MODE BELEBT UNBELEBTE TRÄGER UND LEBEN ERZEUGT BEKLEIDETE ORIGINALE.

Wie die erste Minerva, so tritt mit
der Ägis gerüstet aus des
Donners Haupt jeder Gedanke
des Lichts.

Friedrich von Schiller

GEDANKE IST LICHT,
WEIL ORDNUNG IN DAS
DIFFUSE REICH DES
EMPFINDENS EINZIEHT.

Wer zwei Gewänder hat, der gebe
eines davon dem, der keines hat
und wer zu essen hat, der handle
ebenso.

*LK 3,11 Aus der Predigt von Johannes
dem Täufer*

SO ENTSTAND IM
BIBLISCHEN AUFTRAG DER
HANDEL (ETWAS GEBEN
VON DEM, WAS ICH ZU VIEL
HABE, UM ETWAS ZU
BEKOMMEN VON DEM, AN
DEM ES MIR MANGELT).

Im Grunde ist über Kunst genug
geredet, und letzten Endes ist
alles unzulänglich, wenn man mit
Worten seine Taten interpretieren
soll. Trotzdem werden wir weiter
reden und weiter malen,
musizieren, uns langweilen und
uns aufregen, Kriege führen und
Frieden schließen, solange die
Kraft der Phantasie, der
Imagination ausreicht.

Max Beckmann

DIE TRENNUNG VON DER
MUTTERWÄRME HINTER-
LÄSST DAS WISSEN AUS DER
ERFAHRUNG UND ÖFFNET
VORSTELLUNG UND
SEHNSUCHT.
DIESE TOTALITÄT DES
ERLEBENS KANN IN
ENTÄUSSERNDEN
SIGNALEN NUR IMMER
DERIVAT DES
MENSCHLICHEN
EMPFINDENS SEIN.

Das Leben und dazu eine Katze,
das gibt eine unglaubliche
Summe, ich schwör's euch!

Rainer Maria Rilke

RECHT HAT ER! EINE
BLUME NOCH DAZU ERHEBT
DIE SUMME ZUM QUADRAT.

Man kann laufen so weit man
will, man sieht überall nur seinen
eigenen Horizont.

Max von Eyth

BEACHTET DER
TRÄUMENDE, SUCHENDE
„STERNENGUCKER" ABER
MAL DEN WEG UNTER
SEINEN FÜSSEN,
FOCUSSIERT ER DAS I S T
EIGENER HORIZONT
BEDEUTET NICHT, DASS
STETES UMHERSCHAUEN
NICHT DOCH IM INNERN EIN
PANORAMABILD ERZEUGT.

Alle Musik ist eigentlich innere
Musik und muss wieder zu
innerer Musik werden.

Gerhard Hauptmann

ÄUSSERE HÖRBARE MUSIK
IST IMMER EINE
ABSTRAKTION DER
INNEREN MUSIK UND WIRD
BEIM HÖREN JEWEILS
N U R UM DIE
EMPFINDUNGSFÄHIGKEIT
DES REZIPIENTEN WIEDER
ANGEREICHERT.

Anmut machet schön das Weib.

Walter von der Vogelweide

ANMUT MACHT SCHÖN DAS
WEIB, WEIL ES SICH SO
LEBENDIG ZEIGT
(ANMUT = BEWEGUNG).
MUNTERT AUF VERZAGTEN
WERBER WIRD AN SEINEM
MUT ERFAHRBAR LOCKEND
DER WOHWOLLEND BLICK,
DER DIE BEGEHRTE GLANZ-
VOLL SCHMÜCKT.

Imagination – vielleicht die
göttlichste Eigenschaft des
Menschen.

Max Beckmann

ES GIBT EIGENSCHAFTEN,
DIE DEN MENSCHEN VON
DER NATUR GESCHENKT
WERDEN UND ANDERE, DIE
MAN LERNEN UND
ENTWICKELN MUSS. WENN
ICH EINEN HUND ODER EINE
KATZE IM SCHLAF RENNEN
SEHE, DENKE ICH, DASS
AUCH SIE VORSTELLUNGEN
DURCHLEBEN. ICH NENNE
DIE GÖTTLICHSTE EIGEN-
SCHAFT DEN NATÜRLICHEN
ÜBERLEBENSWILLEN BEI
MENSCH UND TIER UND
DAZU N O T W E N D I G
DIE L I E B E.

Die Kunst ist der Spiegel, der einer Zeit vorgehalten wird.

Herbert Rauschnigg

NUR WIRD DABEI ZU WENIG BEACHTET, DASS KUNST NUR DIE EMPFINDUNGS-ELEMENTE EINER ELITÄREN (MANCHMAL MÄCHTIGEN) TEILGRUPPE EINER ZEIT SPIEGELT.

Kunst ist eine Antizipation der Natur, weil wir sie ja selbst sind.

Arthur Schopenhauer

KUNST IST EINE SICHTBARE EVENTUELLE VERDICH-TUNG DES SCHON REALEN ZEITGEISTES, DER SICH DEM BEGNADETEN KÜNSTLER IN KRISTAL-LINER FORM OFFENBART. DAS IST N A T U R.

Das Schlichte ist in allen Künsten
das Schönere.

Martin Luther

> SCHLICHT HEISST DOCH
> NUR DES ÜBERFLUSSES
> ENTKLEIDET.
> IST DAS WESENTLICHE
> BEDEUTSAM GENUG,
> BERÜHRT UNS DAS
> ERHABENE MIT DEM
> GEFÜHL.

Und wahrlich! Preis und Dank
gebührt der Kunst, die diese Welt
verziert.

Wilhelm Busch

> GEBÜHRT DEN
> K Ü N S T L E R N , DIE UNS
> DAS SEIN DURCH VIELE
> FACETTEN ERLEBEN
> LASSEN .

Wen sehnsüchtiger Drang nach
den Wundern der Fremde
hinaustrieb, lernt in der Fremde –
wie bald! – innigstes
Heimatgefühl.

Emanuel Geibel

WEM DIE WUNDER DER
FREMDE IMMER VERWEHRT
WERDEN, DEM WIRD DIE
HEIMAT ZUM KERKER.
„ HEIMAT " ENTWICKELT
JENER DANN NUR IN DER
GEGENWART GELIEBTER
MENSCHEN. EGAL, WO!!

Nichts Hohes erreicht der
Künstler, der nicht an sich selber
zweifelt.

Leonardo da Vinci

DIE BEDEUTUNG EINES
WERKES STEIGT, JE MEHR
ES DEM KÜNSTLER
GELUNGEN IST, GEFÜHL IN
VERSTEHBARE AUSSEN-
REALITÄT UMZUSETZEN.
DESHALB MEINE ICH, DASS
NICHT DER ZWEIFEL AN
SICH SELBST DEN
KÜNSTLER AUSZEICHNET,
SONDERN DER ZWEIFEL AN
DER UMSETZUNG SEINES
INNEREN ZIELS.

Fürwahr, ließe ein Mensch ein Königreich oder die ganze Welt, behielte er aber sich selbst, so hätte er nichts gelassen. Lässt der Mensch aber von sich selbst ab, was er auch dann behält, sei's Reichtum oder Ehre oder was immer, so hat er alles gelassen.

Meister Eckhardt

> ICH KANN ERST LASSEN
> VON ETWAS, DAS ICH
> BESITZE.
> ALS W I R KOMMEN W I R .
> DEM D U BEGEGNEN
> W I R UND ALS I C H
> SOLLTEN WIR GEHEN.
> WIE LANGE DIE PHASEN
> NEBENEINANDER BESTEHEN
> KÖNNEN WIRD SEHR VON
> DER BIOGRAFIE BESTIMMT.

Alle Erinnerung ist Gegenwart.

Novalis

> UND IST FUNDAMENT FÜR
> DIE ZUKUNFT.

Durch Kunst aber entsteht alles
das, wovon die Form zuvor im
Geist ist.

Aristoteles　　　　　　　　NO COMMENT!

Eine Maske erzählt uns mehr als
ein Gesicht.

Oscar Wilde　　　　　　　　IM GESICHT STECKT AUCH
　　　　　　　　　　　　　　DIE MASKE, NUR IST SIE
　　　　　　　　　　　　　　NICHT SO DEUTLICH
　　　　　　　　　　　　　　SICHTBAR.

Wir wissen alle, dass Kunst nicht Wahrheit ist. Kunst ist eine Lüge, die uns die Wahrheit begreifen lehrt, wenigstens die Wahrheit, die wir als Menschen begreifen können. Der Künstler muss wissen, auf welche Art er die anderen von der Wahrhaftigkeit seiner Lügen überzeugen kann.

Pablo Picasso

KUNST IST NICHT LÜGE. SIE IST IMMER NUR EIN TEILASPEKT UND JE MEHR TEILE BELEUCHTET WERDEN, UMSO WAHRSCHEINLICHER NÄHERN WIR UNS DEM GANZEN.

Gott macht das Land,
der Mensch die Stadt.

William Cowper

PLATTITÜDE! ABER DER MENSCH ERFORSCHTE DAS SEIN (AUCH UM DADURCH DIE MACHT ZU HABEN, ALLES ZU ZERSTÖREN – LAND UND STADT).

Kunst ist und bleibt eine seltene Sache.

Alfred Döblin

KUNST IST DAS
S E L T E N E , DAS DEN
FLUSS DER ZEIT UND DAMIT
DIE GENERATIONEN
ÜBERDAUERT.

Der Schöpfer hat Italien nach Entwürfen von Michelangelo gemacht.

Mark Twain

DER SCHÖPFER HAT AUCH
MICHELANGELO GEMACHT.

Das ist's ja , was den Menschen
zieret, und dazu war ihm der
Verstand, dass er im innern
Herzen spüret, was er erschaffen
mit seiner Hand.

Friedrich von Schiller

ES ZIERT IHN, WENN ER
SPÜRT B E V O R ER MIT
V E R S T A N D SCHAFFT.

Am Morgen war's die Sonne
stieg jetzt auf, von jenen Sternen,
so wie einst als Gottes Lieb aus
ödem Nichts herauf. Die schöne
Welt berief zu Sein und Leben.

Dante Alighieri

WUNSCH, ACH WÜRDEN WIR
AUCH HEUTE NOCH ÜBER
SOLCHE UNSCHULDIGE
BEWUNDERUNG VERFÜGEN.

Was unterscheidet die Kunst von der Natur? Dass die Kunst das in sich Abgeschlossene, ewig Fertige, die Natur, das ewig Werdende, ewig Unfertige ist. Die Kunst duldet keine Grenzenlosigkeit, die Natur keine Grenzen.

Adolf von Wilbrandt

KUNST IST EBEN NICHT NATUR! ZU VIELE WORTE !

Schöne Kunst dagegen ist eine Vorstellungsart, die für sich selbst zweckmäßig ist, und, obgleich ohne Zweck, dennoch die Kultur der Gemütskräfte zur geselligen Mitteilung befördert.

Immanuel Kant

WEIL DIESE NUR DEM MENSCHEN EIGEN VIELLEICHT DAS T R A N S-Z E N D E N T E S T E MENSCHLICHER EXISTENZ.

Das Höchste, was der Mensch
besitzen kann, ist jene Ruhe, jene
Heiterkeit, jener innere Frieden,
die durch keine Leidenschaft
beunruhigt werden.

Immanuel Kant

> RUHE HEITERKEIT UND
> INNERER FRIEDE – TROTZ
> UND MIT LEIDENSCHAFT –
> SIND ANSTREBENSWERTE
> ZIELE.

Das Rad, das sich dreht, setzt
keinen Rost an.

Griechische Weisheit

> ABER ES VERSCHLEISST.
> JEDER MUSS ES FÜR SICH
> ENTSCHEIDEN.

Und wenn die Menschen mit allen lügen und heucheln könnten, Blick und Stimme und Gang der Starken und Reinen können sie nicht erheucheln und nachtäuschen.

Walter Flex

> GERADE WEIL BLICK, STIMME UND GANG VERSTELLT WERDEN, GIBT ES SO VIEL SEELENLEID. STARK UND REIN MÖCHTE JEDER SCHEINEN, DOCH DIE WENIGSTEN HABEN DAZU DIE KRAFT.

Nur durch den Winter wird der Lenz errungen.

Gottfried Keller

> DER LENZ IST EBENSO ABHÄNGIG VOM SOMMER UND HERBST (AUCH OHNE WINTER GIBT ES ERBLÜHEN AUF DER GROSSEN ERDE).

Das Schönste, was wir erfahren
können, ist das Mysteriöse. Es ist
der Quell aller wahren Kunst und
Wissenschaft.

Albert Einstein

> DER SINN FÜR
> MYSTERIÖSES WIRD NICHT
> UMSONST DER 6. GENANNT.
> ALS NUR DEM MENSCHEN
> MÖGLICHEN SICH ÖFFNEN
> ZU KÖNNEN, IST EINE
> BESONDERE GNADE, DIE
> NEUGIER UND SCHAFFENS-
> KRAFT BEFLÜGELT.

Seltsam, im Nebel zu wandern!
Einsam ist jeder Busch und Stein,
kein Baum sieht den andern,
jeder ist allein.

Herrmann Hesse

> VERBUNDEN WIRD ALLES
> DENNOCH DURCH DEN
> HOFFNUNGSVOLLEN
> VORANSCHREITENDEN.

Die Weisheit gibt der Anmut
Stärke, die Anmut gibt der
Weisheit Glanz.

Friedrich von Bodenstedt

PSEUDOWEISHEIT
SCHLÜPFT IN ARROGANZ,
WIRKLICHE WEISHEIT IN
DEMUT UND BESCHEIDEN-
HEIT ANMUT VERTEILT –
KANN SIE VIELE GEISTER
DURCH IHREN GLANZ
ERHELLEN.

Das Lachen ist die Sonne, die aus
dem menschlichen Antlitz den
Winter vertreibt.

Victor Hugo

EIN LACHEN KANN
EISESKÄLTE IM GEGENÜBER
VERURSACHEN. NUR
WOHLWOLLEND WARMES
GEFÜHL KANN KÄLTE
VERTREIBEN – AUCH ZU
SICH SELBST.

Beschäftigung, die nie ermattet, die langsam schafft, doch nie zerstört, die zu dem Bau der Ewigkeiten zwar Sandkorn nur für Sandkorn reicht, doch von der großen Schuld der Zeiten, Minuten, Tage, Jahre streicht.

Friedrich von Schiller

BESCHÄFTIGUNG ZERSTÖRT AUCH IMMER UND DESHALB WIRD AUCH NICHTS VON DER SCHULD GESTRICHEN.

Wird Christus tausendmal zu Bethlehem geboren und nicht in dir, du bleibst verloren.

Angelius Silelius

DER SUCHENDE IST DER BEGNADETE UND DESHALB NIE VERLOREN.

Ich sehe dich in tausend Bildern, Maria, lieblich ausgedrückt, doch keins von allen kann dich schildern, wie meine Seele dich erblickt. Ich weiß nur dass der Welt Getümmel seitdem mir wie ein Traum verweht und ein unnennbar süßer Himmel mir ewig im Gemüte steht.

Novalis

GEBORGENHEIT, LIEBE, VERTRAUEN, HOFFNUNG SIND NAHRUNG JEDEM GEMÜT.

Es kann in Ewigkeit kein Ton so lieblich sein, als wenn des Menschen Herz mit Gott stimmt überein.

Angelus Silesius

IN EWIGKEIT VIELLEICHT, DOCH HIER AUF ERDEN KENNE ICH AUCH ANDERE SEHR LIEBLICHE ERSEHNTE TÖNE.

Der Mensch ist am wenigstens er
selbst, wenn er für sich spricht.
Gib ihm eine Maske und er wird
dir die Wahrheit sagen.

Oscar Wilde

ES KOMMT DARAUF AN, WIE
SEHR ER DURCH SEINE
BIOGRAPHIE HINTER EINE
MASKE GEPRESST WURDE
UND WIE ER SICH UM DAS
A B L E G E N   BEMÜHT HAT.

Zürne der Schönheit nicht, dass
sie schön ist, dass sie verdienstlos
wie der Lilie Kelch prangt durch
der Venus Geschenk! Lass sie die
Glückliche sein! Du schaust sie,
du bist der Beglückte.

Friedrich von Schiller

ZITAT:
ES IST EIN MISSGESCHICK
NICHT GELIEBT ZU WER-
DEN, ABER EIN UNGLÜCK,
NICHT ZU LIEBEN. SICH
BESCHENKEN DURCH
S C H Ö N H E I T   ZU
S U C H E N   IST GLÜCK.

Es ist überall gut wohnen, soweit sich Gottes schöner Himmel wölbt, und wo ein frohes Herz im Busen schlägt, da ist des Erdbewohners Eden.

Mathias Claudius

WO FROHES HERZ EIN ZWEITES FINDET IST FREUDENTAUMEL ERST BEGRÜNDET.